Hotze

Europa unterm Strich · Common Market in cartoons · Marché Commun dans la caricature

HARALD HOTZE

EUROPA UNTERM STRICH

Die Europäische Gemeinschaft in der Bilanz der Karikaturisten

The Common Market in cartoons

Le Marché Commun dans la caricature

KÖNIGSTEINER WIRTSCHAFTSVERLAG GMBH · KÖNIGSTEIN/TS.

Translated into English by Michael Graham Hocken

Traduit en français par Hannelore Van Buggenhout-Reuter

ISBN 3-923281-21-8

Karikatur der 1. Umschlagseite: Walter Hanel
Typographie und Herstellung: Hans-Joachim Weber
Satz: sg Satzservice, Frankfurt/M.
Lithos: Elnain, Wiesbaden
Druck und Bindung: Wilhelm & Adam, Heusenstamm

Inhalt

Table of contents

Table des matières

Vorwort

Als sich der britische Karikaturist Vicky 1967 das Leben nahm, da hinterließ er seiner trauernden Gemeinde eine Botschaft voller Resignation: „In dieser Welt“, so Vicky in seinem Abschiedsbrief, „sind die Karikaturisten überflüssig geworden.“

Damals war die Europäische Wirtschaftsgemeinschaft (EWG) gerade zehn Jahre alt – und Ihrer Majestät Inselreich gehörte dem Wirtschaftsklub kontinentaler Staaten noch gar nicht an. 1957 hatten sich Frankreich, Belgien, die Niederlande und Luxemburg gemeinsam mit Italien und der Bundesrepublik Deutschland mit der Unterzeichnung eines Vertrages versprochen, Europa zunächst wirtschaftlich zu einigen. Es sollte der erste Schritt auf dem Wege zu einem auch politisch vereinigten Europa sein.

Preface

When the British cartoonist Vicky took his life in 1967, he left his mourning admirers a farewell message that was charged with resignation: “There is no place for cartoonists in this world.”

The European Economic Community (E.E.C.) was then ten years old, and the Island Kingdom did not even belong to the economic club of the mainland European States. In 1957 France, Belgium, the Netherlands and Luxemburg, together with Italy and the Federal Republic of Germany, had put their names to a Treaty in which they undertook to bring about, as an initial step towards eventual political unity, the economic union of Europe.

This message was one that the people of Europe could well understand, with the shock of a devastating World War still fresh

Prologue

Quand en 1967 le caricaturiste britannique Vicky se suicida, il laissa à sa commune endeuillée un message plein de résignation: «En ce monde,» dit Vicky dans sa lettre d'adieu, «les caricaturistes sont devenus superflus.»

A l'époque, la Communauté Economique Européenne (C.E.E.) avait juste dix ans et le royaume insulaire de Sa Majesté ne faisait pas encore partie du club économique des Etats continentaux. En 1957 la France, la Belgique, les Pays-Bas et le Luxembourg s'étaient promis, ensemble avec l'Italie et la République Fédérale Allemande, d'unir économiquement l'Europe par la signature d'un traité. Ce devait aussi être le premier pas sur le chemin vers une Europe unie politiquement.

Les citoyens de l'Europe, toujours sous le choc d'une guerre

Diese Botschaft konnten Europas Bürger, immer noch unter dem Schock eines verheerenden Weltkrieges, verstehen. Doch was sich in den zehn Jahren seit Unterzeichnung der Römischen Verträge in Westeuropa abgespielt hatte, war wohl angetan, bei Karikaturisten nicht nur auf der britischen Insel Zukunftsängste zu wecken. Zwischen dem hehren Ziel eines brüderlich vereinten Europas und den tagespolitischen Zwängen der regionalen wirtschaftlichen Interessen wurde die Kluft immer weiter. Europas Bürger bedurften deswegen kaum noch der Nachhilfe der Zeichner, um zu erkennen, daß die Politiker ihr Versprechen vom grenzenlosen Europa nicht einhalten konnten.

Und als dann Frankreichs Generalpräsident Charles de Gaulle (1958-1968) keine politische Finte zu grotesk war, um den Briten die Mitgliedschaft im europäischen Klub zu verwehren, da mußte es den Meistern des schnellen Strichs dämmern: die Wirklichkeit der europäischen Politik übertraf die Karikatur.

Daß Europas Karikaturisten es dem Altmeister Vicky nicht gleichtaten, spricht für zwei Dinge: ihren Selbsterhaltungswillen und ihre Bravour. Zumindest ohne Schneid nämlich

in their minds. However, events in Western Europe in the ten years that followed the signing of the Rome Treaties were indeed of a nature to cause cartoonists, not only in island Britain, to fear for their future. The chasm between the grand vision of a Europe united in fraternal love and the everyday political constraints of the conflicting economic interests of the regions yawned ever wider. The citizens of Europe did not need the aid of the cartoonist's pen to recognize that politicians were unable to keep the promises they had made of a Europe free of frontiers.

When, moreover, the General who was from 1958 to 1968 President of the French Republic (Charles de Gaulle) found no form of political trickery too grotesque to prevent the British from joining the European Club, the masters of the quick penstroke must have seen the sun setting on their art – for the realities of European politics outdid caricature itself.

Two things explain why the cartoonists of Europe did not follow in the footsteps of their pastmaster Vicky: their instinct for self-preservation and their bravura. For the ranks of the journalistic army are closed to those who

mondiale dévastatrice, pouvaient comprendre ce message. Mais ce qui s'est déroulé en Europe occidentale pendant les dix ans suivant la signature des Traités de Rome était de nature à éveiller des craintes pour l'avenir, non seulement chez les caricaturistes de l'île britannique. L'abîme entre le but sublime d'une Europe unie des citoyens et les obligations politiques quotidiennes des interêts économiques régionaux se creusa de plus en plus. De ce fait, les citoyens de l'Europe n'avaient plus guère besoin de l'aide des dessinateurs pour s'apercevoir que les politiciens n'étaient pas capables de tenir leur promesse d'une Europe sans frontières.

Quand enfin aucune ruse politique n'était trop grotesque au Général-Président de la France, Charles de Gaulle (1958-1968), pour interdire aux Anglais de devenir membres du Club Européen, les maîtres du croquis durent commencer à comprendre: La réalité de la poltique européenne dépassait la caricature.

Le fait que les caricaturistes européens n'imitaient pas le vieux maître Vicky illustre deux choses: leur volonté de conservation et leur bravoure. Sans avoir au moins du cran, personne ne pouvait passer le con-

könnte niemand bei der Kavallerie des Journalismus anmustern, denn nicht umsonst heißt die Devise der Zunft: Attacke – immer dem Strich entlang genau ins Herz des Problems.

Diese Angriffslust verdeckt meist – teilweise genial – ein Dilemma der Zeichner. Denn, wo die schreibenden Kollegen entsprechend der Länge ihrer Artikel noch für den unverständlichsten Kopfstand europäischer Politik notfalls neue Gesetze politischer Schwerkraft erfinden können, da fehlt den Karikaturisten das journalistische Hintertürchen des ‚andererseits' – von ihnen werden klare Aussagen verlangt, so oder so.

Genau dies unterscheidet sie von den Politikern, denn in den dreißig Jahren des Bestehens der Europäischen Gemeinschaft waren wirkliche Entscheidungen rar. Der Blick auf die Zielscheiben des Spotts der zeichnenden Kommentatoren entlarvt denn auch, daß Probleme und Streitpunkte der Europäer untereinander sich in den vergangenen drei Jahrzehnten nicht verändert haben – der Zank um die Kosten und Nachteile der gemeinsamen Agrarpolitik ist heute für die Zeichner so aktuell wie zu Beginn der Sechziger Jahre. Geändert hat sich nur

lack in dash and not for nothing is the motto of their honourable company that of 'Attack' – right to the heart of the matter.

Generally speaking, this combative instinct masks a dilemma faced by all cartoonists, which in the best of cases they resolve with a stroke of genius. For where their colleagues who use the written word can always invent new laws of political gravity according to the length of their articles to explain the topsy-turvy world of European politics, cartoonists are deprived of the journalistic escape clause of being able to say "on the other hand" – they are required to make a clear statement in black and white.

This is precisely what distinguishes them from politicians, for real decisions have been a rare commodity in the thirty years of the Community's existence. A glance at the butts of the cartoonists' humour also reveals that the problems and dissensions that have divided Europeans over the past three decades have remained the same – the quarrel over the costs and drawbacks of the common agricultural policy is as topical today as it ever was at the beginning of the Sixties. Only in one respect has the situation

seil de révision de la cavalerie du journalisme, car la devise de la corporation n'est pas pour rien: L'attaque en suivant la flèche au cœur du problème.

Cet esprit offensif masque souvent – parfois de façon géniale – un dilemme des dessinateurs. Car là où les collègues de la presse écrite peuvent au besoin, selon la longueur de leurs articles, inventer de nouvelles lois de la pesanteur politique pour le capotage le plus incompréhensible de la politique européenne, le caricaturiste ne dispose pas de la porte de sortie journalistique du «d'un autre côté» – d'eux on exige des déclarations claires et évidentes.

C'est exactement cela qui les distingue des politiciens, car pendant les trente années de l'existence de la Communauté Européenne, les véritables décisions furent rares. Ainsi un regard sur les cibles du persiflage des commentateurs graphiques dévoile que problèmes et points de discorde des Européens entre eux n'ont pas changé durant les trois dernières décennies – la dispute autour des dépenses et des désavantages de la politique agricole commune est aujourd'hui tout aussi actuelle pour les dessinateurs qu'au début des années soixante.

dies: die Probleme sind so gigantisch geworden wie die Überschüsse der europäischen Landwirtschaft.

Dabei hätte die Agrarpolitik nur eines von vielen Unternehmen sein sollen, die Europa zu einem Ganzen zusammenfügen sollten. Doch das System der Preisgarantien für die Bauern – kaum zehn Prozent der jetzt 320 Millionen Menschen der Zwölfergemeinschaft – entwickelte bald das Eigenleben eines Kuckucks im europäischen Nest. Ein Monstrum wuchs heran, das das Europa der Mehrheit und ihre politischen Ambitionen erdrückte.

Allenfalls bescherte dieses System Europa eine neue Topographie, die allerdings nichts mit der Romantik der europäischen Aufbruchstimmung der Fünfziger Jahre gemein hat. Milch- und Weinseen laden nicht zum Bade, sowenig wie Butter- und Rindfleischberge zu Klettertouren locken.

Europas Regierungschefs aber verteidigen diese Politik mit Zähnen und Klauen; die Folgen haben die Zeichner mit ihrem Stift aufgespießt: Die Geldforderungen der ‚Eisernen Lady' Margaret Thatcher, die politische Ohnmacht der Europäer, die den Ölscheichs das einträgliche

changed: the problems have now become as overwhelming as the surpluses of European agriculture.

The agricultural policy was in fact intended to be but one of many common endeavours that would unite Europe into a single entity. However, the system of price guarantees for farmers – who make up barely ten percent of the 320 million population of the Community of Twelve – soon became the cuckoo in the European nest. A monster had been born which threatened to smother the Europe of the majority and its political ambitions.

This system gave a new shape to Europe, but one which had nothing in common with the romantic spirit of European construction in the Fifties. Milk and wine lakes do not tempt one to take the plunge, no more do butter and beef mountains entice one to scale the heights.

The European Heads of Government, however, defended this policy tooth and nail, and the cartoonists pinned the consequences to their drawing boards with their pencils: the rapacious demands of the 'Iron Lady', Margaret Thatcher and the political impotence of the European States which gave the oil sheiks

Il n'y a que ceci de changé: Les problèmes sont devenus aussi gigantesques que les excédents de l'agriculture européenne. Pourtant, la politique agricole ne devait être qu'une des nombreuses entreprises, appelées à assembler l'Europe en une entité. Toutefois, le système des prix garantis pour les fermiers – à peine dix pour cent des 320 millions de personnes de la communauté des Douze d'aujourd'hui développa bientôt l'existence indépendante d'un coucou dans le nid européen. Un monstre grandissait écrasant l'Europe de la Majorité et ses ambitions politiques.

En tout cas, ce système offrit à l'Europe une nouvelle topographie qui toutefois n'avait rien en commun avec le romantisme de l'atmosphère de départ des années cinquante. Des lacs de lait et de vin invitent aussi peu à la baignade que des montagnes de beurre et de viande bovine à l'escalade.

Mais les chefs de gouvernement européens défendent cette politique toutes griffes dehors; les dessinateurs en ont épinglé les conséquences avec leur crayon: Les exigences financières de la ‹Dame de fer› Margaret Thatcher, l'impuissance politique des Européens qui, elle seule, rendit

Spiel mit dem Preis für Europas Energie erst ermöglichte.

Kein Wunder, daß die einst so verführerische Jungfrau Europa dreißig Jahre nach Gründung der EG bei den Karikaturisten vorzeitig zu einem runzeligen Mütterchen gealtert ist, daß das Gebäude der europäischen Einigung zur Ruine einiger politischer Bauspekulanten verfällt. Nein, das befreiende Lachen, losgetreten vom entlarvenden Strich des Karikaturisten, es will sich beim Thema Europa nur selten einstellen. Politiker, so sie sich Zeit zum Nachdenken nähmen, sollte dies nachdenklich stimmen. Doch mit Europa sind keine Wahlen zu gewinnen, das umtriebige Nichtstun der Politiker hat das Interesse der europäischen Bürger am institutionalisierten Europa erlahmen lassen.

Moment mal, wo bleibt denn hier das Positive? Die Wirtschaftskraft Europas, die Freizügigkeit der Europäer, die Abwesenheit von Krieg? Das Positive bleibt natürlich positiv – nur, es ist nicht Gegenstand der Arbeit der Karikaturisten. Sie nehmen die Politiker beim Wort, und da sind sie Idealisten wie wir alle, die alles gleich haben wollen.

Und schließlich, seien wir doch ehrlich, 30 Jahre nach Unter-

the opportunity to play so profitably with the price of Europe's energy supplies.

No wonder then that the once so alluring image of the European maiden has been prematurely aged by cartoonists thirty years on into a picture of a wrinkled old hag and that the construction of European Union has crumbled into ruins at the hands of certain political property speculators. Real laughter, the laughter that provides such welcome release, and is set free by the cartoonist's magic wand, is rarely heard where Europe is concerned. If politicians were to give themselves the time for reflection, this would probably give them pause for thought. No elections are won on the issue of Europe, and the Machiavellian inactivity of the politicians has caused the interest of the citizens of Europe in an institutionalized Europe to flag.

Hang on, we hear you say, what of the positive side of things? The economic strength of Europe, freedom of movement and the absence of armed conflict. What is positive remains positive, of course... but that is not the object of the cartoonist's craft. They take politicians at their word, and in this they are idealists, as are all of us who

possible aux cheiks pétroliers le jeu profitable avec les prix de l'énergie de l'Europe.

Quoi d' étonnant que la vierge Europe, jadis si séduisante, s'est muée prématurément en grand-mère ridée pour les caricaturistes trente ans après la fondation de la C.E.E., que l'édifice de l'Union Européenne se mue en ruine d'une spéculation immobilière politique. Non, le rire libérateur, déclenché par le trait dénonciateur du caricaturiste ne se produit que rarement quand on parle de l'Europe. Ceci devrait faire réfléchir les politiciens pour autant qu'ils prennent le temps de réfléchir. Il n'y a pas d'élections à gagner avec l'Europe, l'immobilité insidieuse des politiciens a paralysé l'intérêt des citoyens européens pour l'Europe institutionnalisée.

Minute: Où reste le positif? La force économique de l'Europe, la libre circulation des Européens, l'absence de guerre? Le positif reste évidemment positif – seulement ce n'est pas le propos du travail des caricaturistes. Ils prennent les politiciens au mot et là, ils sont idéalistes comme nous qui voulons tout tout de suite.

Et enfin, soyons honnêtes, trente ans après la signature des Traités de Rome, on aurait vrai-

zeichnung der römischen Gründungsverträge hätten wir in der EG wahrlich weiter sein können. Gerade deswegen wollen wir mit dieser Sammlung dem britischen Altmeister Vicky widersprechen: In der oft unfreiwillig kabarettistischen Welt der EG ist die ernsthafte Ironie der Karikaturisten wichtiger denn je zuvor.

want to have everything all at once.

Lastly, if we are honest, it must be said that, in the thirty years since the Rome Treaties were signed, we could have made greater progress in the Community. And it is in that spirit that we would venture with this collection to disagree with the late great Vicky: in the often unintentionally farcical world of the Community, the earnest irony of cartoonists is more important than ever before.

ment pu être plus loin avec la C.E.E. C'est justement pour cela qu' avec ce recueil nous voulons contredire l'ancien maître britannique Vicky: Dans l'univers souvent involontairement caricatural de la C.E.E. l'ironie sérieuse des caricaturistes est plus importante que jamais.

Brüssel, Brussels, Bruxelles 1986 · ***Harald Hotze***

Halden – Berge – Seen

Tips – mountains – lakes

Terrils – montagnes – lacs

„Die Agrarpolitik wird Europa das Rückgrat brechen", stöhnte 1977 der damalige britische Labour-Premier James Callaghan. Damals, fünf Jahre nach dem britischen EG-Beitritt, erkannte auch London, daß den Europäern ihr Agrarsystem über den Kopf gewachsen war. Dabei war zu Beginn der Sechziger Jahre diese Politik so einleuchtend einfach erschienen: ein jährlich von den Agrarministern festgesetzter Preis für eine Reihe von landwirtschaftlichen Produkten (Marktordnungen) sollte den Bauern ein gutes Einkommen garantieren. Gegen die Konkurrenz aus Übersee wurde eine gemeinsame Zollmauer errichtet.

Es schien der Schlüssel zum Schlaraffenland, und tatsächlich produzierten die vom garantierten Festpreis motivierten Bauern derart, daß die einst ausgehungerten Europäer schon Ende der Sechziger Jahre an ihren Überschüssen zu ersticken

"The CAP is going to break the back of Europe" moaned the British Prime Minister James Callaghan in 1977. At that time, five years after Britain had joined the Community, London, too, had recognized that Europe's agricultural policy had grown out of control. And yet at the beginning of the Sixties the policy had seemed so startlingly simple: a single price fixed each year by Agriculture Ministers for each of a series of agricultural products (market regulations) which would guarantee farmers a reasonable income. A common external tariff was established as a protection against competition from overseas.

It seemed to provide the key to Utopia, and indeed the farmers, encouraged by guaranteed fixed prices, churned out such quantities of produce that, already by the end of the Sixties, the once starveling Europeans threatened to choke on their surpluses. In order to rid themselves of the

« La politique agricole brisera l'échine de l'Europe» soupira en 1977 le Premier britannique de l'époque, James Callaghan du parti travailliste. A l'époque, cinq ans après l'adhésion britannique à la C.E.E., Londres s'aperçut aussi que les Européens étaient dépassés par leur système agricole. Pourtant au début des années soixante, cette politique paraissait d'une simplicité limpide: Un prix annuellement fixé par les ministres de l'Agriculture pour une série de produits agricoles (réglementation du marché) devait garantir aux fermiers un bon revenu. Contre la concurrence d'outremer on érigea un mur douanier commun.

Ceci paraissait être la clef du pays de cocagne et effectivement les fermiers, motivés par le prix fixe garanti produisaient tellement que déjà vers la fin des années soixante les Européens jadis faméliques risquaient d'étouffer sous leurs excédents.

drohten. Um sich von den Früchten ihres unermüdlichen Tischlein-deck-Dich zu befreien, mußten die Europäer exportieren. Agrarexporteure konnten Milch, Fleisch und Butter aber nur auf dem Weltmarkt absetzen, wenn ihnen die Differenz zwischen hohem EG-Preis und niedrigem Weltmarktpreis aus der EG-Kasse ersetzt wurde.

Besonders die Sowjetunion wußte solche Konditionen zu schätzen – und die Räumungsverkäufe der Händler verschlangen bald einen Löwenanteil der Agrarkosten. Von den 50 Milliarden Mark, die diese Politik mittlerweile kostet, sehen Europas Bauern gerade ein Fünftel.

fruits of their tireless magic table, like that of Grimm's fairytale, the Europeans had to turn to exports. However, exporters of agricultural produce could only dispose of their milk, meat and butter on the world market if the difference between the high E.E.C. price and the low world market price were refunded from the Community exchequer.

The Soviet Union was particularly appreciative of such conditions and the traders' clearance sales were soon to swallow up the lion's share of agricultural expenditure. Europe's farmers see only a fifth of the £ 16 thousand million that this policy now costs.

Pour se libérer de ce ‹miracle› sans fin, les Européens devaient exporter. Seulement les exportateurs agricoles ne pouvaient écouler lait, viande et beurre sur le marché mondial que si la caisse de la C.E.E. leur remboursait la différence entre le prix C.E.E. élevé et le bas prix du marché mondial.

Surtout l'Union Soviétique savait apprécier de telles conditions – et les ventes de liquidation des marchands se taillaient bientôt la part du lion dans les dépenses agricoles. Des 155 milliards FF que cette politique coûte actuellement, les fermiers de l'Europe voient tout juste le cinquième.

Die Straße, die das Rindvieh zieht, führt uns nach Europa nit.

We won't get to Europe along the cow trail.

La route qu'emprunte le bœuf ne nous mène pas vers l'Europe.

E. M. Lang

Ob gute oder schlechte Ernte, die Subventionen fließen.

Come rain or shine, the subsidies continue to flow.

Bonne ou mauvaise moisson – les subventions foisonnent.

H. E. Köhler

Der Bauer, durch Zölle und Subventionen rundum geschützt, ein Unternehmer ohne Risiko.

No business risks for this chap – he's a farmer cushioned by import duties and subsidies.

Le fermier ceinturé de protections douanières et de subventions: Une entreprise sans risque.

H. E. Köhler

„Meine vollautomatische Großmolkerei ist kinderleicht zu bedienen: Oben einfach tippen, unten einfach absahnen!“

E. E. C. Compensatory amounts

“A child could run my new fully-automated super-dairy – you just type in the details at the top and cream off the profits at the bottom.”

Payement des Montants Compensatoires Monétaires

«Ma laiterie automatique industrielle est d'un maniement enfantin: D'une main j'inscris tout simplement, de l'autre j'écrème aussi simplement.»

J. Wolter

„Es lebe Europa!“ *“Hurrah for Europe!”* *«Vive l'Europe!»* F. Wolf

„Bevor ich in diesem Weinsee ertrinke – einen letzten Blick auf meine geliebten Berge ...“

“Before I drown in this wine lake, I wish to bid a last fond farewell to my dearly beloved mountains of meat and skimmed-milk powder ...”

«Avant de me noyer dans ce lac de vin – un dernier regard sur mes bien-aimées montagnes de viande et de lait en poudre ...»

H. E. Köhler

Hinter den sieben Bergen, bei den zwölf Zwergen

Hi ho! Hi ho! It's off to work we go! The twelve dwarfs and their seven mountains.

Derrière les sept montagnes chez les douze nains

R. Donath

B. Mitropoulos

Danger! Thin ice!

Surface fragile, danger d'enfoncement!

K. Böhle

„Ja, in der Tat, wir haben einen kleinen Rindfleisch-Überschuß."

"Well, yes, as a matter of fact we do have a small beef surplus."

«Oui, nous avons effectivement un léger excédent de bœuf!»

„Butter zum Preis von 39 Kopeken herstellen und sie an uns für 7 Kopeken verkaufen ... Sind Sie sicher, daß die EWG kapitalistisch ist?“

“Making butter at 39 copecks a pound and selling it to us at 7 copecks a pound ... Are you sure the E.E.C. is capitalist?”

«Fabriquer du beurre à 39 kopecks, nous le vendre à 7 kopecks – êtes-vous sûr que la C.E.E. soit capitaliste?»

Wie der Butterberg verschwindet

How to eliminate the butter mountain:
Take the butter and make powdered milk to feed to our cows to make milk to make butter to make powdered milk to feed to our cows.

Comment disparaît la montagne de beurre:
Nous transformons le beurre ... en lait en poudre ... comme fourrage pour nos vaches ... Nous transformons le lait ... en beurre dont nous tirons à nouveau ... du lait en poudre comme fourrage.

G. Hüsch

„Milch – Milchpulver – Milchpulverberg – Viehfutterzusatz – Milch – Milchpulverberg ... dieser Kreislauf war mir zu kompliziert. Da hab' ich einfach kurzgeschlossen.“

“Milk – powdered milk – powdered milk mountain – supplementary fodder – milk – powdered milk mountain... it was all too complicated, so I just short-circuited the whole system.”

«Lait – lait en poudre – montagne de lait en poudre – additifs de fourrage – lait – montagne de lait en poudre ... ce circuit était trop compliqué pour moi, alors je l'ai court-circuité.»

J. Wolter

"... we suddenly found it was cheaper to just chuck the money away than to take the trouble to grow the fruit."

«... alors c'était finalement moins onéreux de jeter directement l'argent que de l'utiliser d'abord pour cultiver laborieusement des fruits.»

J. Furrer

Europa auf Eis

Europe on ice

L'Europe au réfrigérateur

Von den Überschußhalden aus Agrarprodukten profitierten vor allem die großen Landwirte. Das Heer der mittleren und kleinen europäischen Bauern aber verfügte weder über das Land noch über das Vieh, um ausreichend für ein angemessenes Einkommen produzieren zu können. Kein Wunder, daß das unzufriedene Landvolk sich oft zu Protestmärschen nach Brüssel formierte, wo es den Landwirtschaftsministern schon einmal eine Kuh in den Sitzungssaal schickte.

Dabei bemühten sich Europas Landwirtschaftsminister schon redlich, mit immer höheren Preisen den Bauern gefällig zu sein. Bonns Landwirtschaftsminister Josef Ertl (1969 - 1982) etwa verhandelte stets in Brüssel, als würde er den heißen Atem des deutschen Bauernpräsidenten Freiherr von Heereman im Nacken spüren. Gerade die Bonner Regierungen von Ludwig Erhard bis Helmut Kohl, der

The big farmers profited most from the dumping of agricultural surpluses. The host of medium-sized and small farmers in Europe had neither the land nor the livestock to enable them to produce enough to earn an easy living. No wonder then that the dissatisfied peasantry often took up their pitchforks and marched on Brussels, where they once even sent a protesting cow into the room where the Agriculture Ministers were meeting.

European Agriculture Ministers took great pains to placate their farmers by granting them ever higher prices. The Bonn Agriculture Minister, Josef Ertl (1969-1982), always used to negotiate in Brüssels as though he could feel the German Farmers' Union President, Baron von Heereman, breathing down his neck. Every German Government, from that of Ludwig Erhard to that of Helmut Kohl, who since 1982 has sent his Agriculture

Ce sont surtout les grands agriculteurs qui profitaient des terrils d'excédents de produits agricoles. La masse des moyens et petits fermiers ne disposaient ni des terres ni du bétail pour pouvoir produire suffisamment pour un revenu convenable. Pas étonnant que la population rurale se groupait souvent en marches de protestation à Bruxelles où ils ont – un jour – même envoyé une vache dans la salle de conférence des ministres de l'Agriculture.

Pourtant les ministres de l'Agriculture de l'Europe faisaient déjà leur possible pour plaire aux fermiers par des prix de plus en plus élevés. Le ministre de l'Agriculture de Bonn par exemple, Josef Ertel (1969-1982) négociait toujours à Bruxelles comme s'il sentait déjà dans sa nuque le souffle brûlant du président allemand des agriculteurs Freiherr von Heereman. Surtout les gouvernements de Bonn, de Ludwig Erhard à Helmut Kohl,

seit 1982 seinen Agrarminister Ignaz Kiechle an die europäische Front schickte, hatten sich für ihre Bauern bis zur politischen Unglaubwürdigkeit geschlagen.

Immer häufiger stellten Europas Bürger die Frage, was das Europa der Agrarier noch mit den ehrgeizigen Plänen für eine Einigung Europas zu tun hatte. Denn auch die Regierungschefs, die seit 1974 dreimal pro Jahr auf ihren Treffen einen Weg aus dem Agrarsumpf suchten, waren ratlos. Europas Zukunft lag auf Eis, dank der *einen* Gemeinsamkeit.

Minister, Ignaz Kiechle, into the firing line, has fought for their farmers to the point of losing their political credibility.

The citizens of Europe began increasingly to wonder what this Europe of vested farm interests had to do with the ambitious plans for European Union. Even the Heads of Government, who had since 1974 at their thrice-yearly meeting been seeking a way out of the agricultural slough, were at the end of their tethers. Europe's future was on ice, thanks to the *one* thing it had in common.

– qui envoyait depuis 1982 son ministre de l'Agriculture Ignaz Kiechle sur le front européen – s'étaient battus pour leurs fermiers jusqu'à l'incrédibilité politique.

Les citoyens de l'Europe posaient le plus en plus fréquemment la question: qu'est-ce que l'Europe des ‹agrairiens› avait encore en commun avec les projets ambitieux d'une union de l'Europe? Car même les chefs de gouvernement qui, depuis 1974, trois fois par an lors de leurs rencontres, cherchent une issue du marais agricole, ne savaient plus comment s'y prendre. L'avenir de l'Europe était au réfrigérateur grâce à cet *unique* point commun.

Es ist schon enorm, welche Möglichkeiten diese moderne Tiefgefriertechnik bietet.

It's quite astounding what they can do with deep freezing, these days.

Les possibilités offertes par cette technique moderne de congélation sont énormes.

H. E. Köhler

Besuch in Brüssel

Agricultural price negotiations – a trip to Brussels

Visite à Bruxelles à l'occasion de négociations des prix agricoles

H. Geisen

Doch etwas Gemeinsames

One thing at least is common in Brussels

Quelque chose de commun tout de même à Bruxelles

H. E. Köhler

„Die EG-Agrarpolitik hat auch ihre guten Seiten!“

“The Common Agricultural Policy has got its good points too!”

«La politique agricole de la C.E.E. a aussi ses bons côtés!»

P. Leger

„Hm – so hatte ich mir ja unser Miteinander nicht vorgestellt."

"This wasn't quite how I saw our life together."

«Ben, ce n'est pas comme ça que je m'imaginais notre communauté.»

H. E. Köhler

„Wer hat Angst vor Drakula?"

Agricultural market

"Who's afraid of the big bad wolf?"

Marché agricole

«Qui a peur de Dracula?»

P. Leger

Wer reitet so spät durch Nacht und Wind? Es sind die Europäer auf ihrem Rind.

Who rides so late when the night is full? It is the Europeans astride their bull.
(with apologies to Goethe)

Qui affronte si tard vents et marées? Ce sont les Européens sur leurs bovidés.

P. Leger

„Oh, Zeus, waren das Zeiten, als du noch ein Stier warst!"

"Those were the days, Zeus, when you were still a bull!"

«Quelle belle époque, oh Zeus, quand tu étais encore taureau!»

H. Haitzinger

„Wo waren wir stehengeblieben?“

The Dublin Summit meeting was held in the troubled waters of the Wine Lake overlooked by Mount Apple and the Butter Mountain.

“Where had we got to when we stopped?”

Encore un sommet Européen dans le Lac du Vin au pied de la Montagne du Beurre et du Mont des Pommes.

«Où en étions-nous restés?»

B. Bruns

Diagnose: Übergewicht

E.E.C. Summit
Diagnosis: Obesity

Sommet C.E.E.
Diagnostique: obésité

K. Pielert

Wetterbericht aus Brüssel

Weather forecast from Brussels: *"The rain will shortly ease off."*

Bulletin météorologique de Bruxelles: *«Prochainement légère diminution des précipitations.»*

H. Haitzinger

„Hurra, ein neues Mitglied!" "Hurrah, a new member!" «Youpie, un nouveau membre!» H. Haitzinger

„Herein!“ “Come on in!” «Entrez!» H. Haitzinger

"Hey farmers, look at me, Ignaz Kiechle, Minister of Agriculture, fighting for the cereals price!"

«Fermiers, venez voir comme moi, Ignaz Kiechle, ministre de l'Agriculture de la RFA, je me bats pour le prix des céréales!»

P. Leger

„Ausgerechnet Kohl, der europäische Musterschüler, treibt den Getreidepreis hoch . . . !?"

"Of all people, it would be Kohl, who so wants to be top of the European class, who is pushing up the cereals price . . .!?"

«. . . et justement Kohl, qui se veut l'élève modèle de l'Europe, pousse le prix des céréales . . .!?»

W. Hanel

The great champion of majority voting in Europe shows his cloven hoof: Veto in Brussels.

Le grand défenseur du vote à la majorité en Europe montre son pied-bot: Veto à Bruxelles.

K. Pielert

De Gaulle und andere politische Diven

De Gaulle and other political divas

De Gaulle et d’autres divas politiques

Urzelle der EWG war die Europäische Gemeinschaft für Kohle und Stahl, die Montanunion, die der deutsche Bundeskanzler Konrad Adenauer und der französische Außenminister Robert Schuman 1950 auf den Weg brachten. Um die deutsch-französische Zusammenarbeit sollte denn auch die Zukunft der Gemeinschaft kreisen. Schwung- und Bremskraft gingen deswegen von den dominierenden Persönlichkeiten beider Länder aus.

Als Charles de Gaulle 1958 als französischer Staatspräsident in den Elysée-Palast einzog, da existierte die EWG schon. De Gaulle aber waren die supranationalen Pläne der Europa-Romantiker suspekt. Er stellte ihnen sein Konzept vom ‚Europa der Vaterländer' gegenüber und legte sich künftig allen Versuchen, die europäische Integration zu beschleunigen, quer.

De Gaulle suchte ein gutes Verhältnis zum Deutschen Ade-

The initial nucleus of the Community was the European Coal and Steel Community, which was launched by the German Federal Chancellor Konrad Adenauer and the French Foreign Minister Robert Schuman in 1950. The future of the Community was to revolve around Franco-German co-operation. The momentum or otherwise of Europe was thus determined by the dominant identities of both these countries.

When Charles de Gaulle moved into the Elysée Palace in 1958 to assume his functions as President of the French Republic, the E.E.C. was already in existence. However, de Gaulle found the supranational plans of the European romantics suspect. He countered these views with his idea of a "Europe of Nation States" and set about hindering each and every attempt to speed up the process of European integration.

La cellule originelle de la C.E.E. était la Communauté Européenne du Charbon et de l'Acier, mise en route en 1950 par le chancelier allemand Konrad Adenauer et le ministre français des Affaires étrangères Robert Schuman. Par conséquent, l'avenir de la Communauté tourna autour de la collaboration franco-allemande. Donc, force motrice et force de freinage partirent des personnalités dominantes des deux pays.

Lorsque Charles de Gaulle – en 1958 – fit son entrée à l'Elysée comme Président de la République, la C.E.E. existait déjà. Mais de Gaulle se méfiait des projets supranationaux romantiques d'une Europe unie. Il leur opposa sa conception de ‹l'Europe des patries› et fit obstacle à tout essai d'accélérer l'intégration européenne.

De Gaulle chercha de bonnes relations avec l'Allemand Adenauer, mais ne prit pas au sérieux Ludwig Erhard, succes-

nauer; den Nachfolger, seit 1963 Ludwig Erhard, nahm er nicht ernst. Die Briten schienen ihm nicht reif für Europa, und als seine EWG-Partner 1965 gar das Europa-Parlament über die gemeinsamen Ausgaben mitentscheiden lassen wollten, kündigte er dem wichtigsten gemeinsamen Entscheidungsgremium, dem Ministerrat, die Mitarbeit auf. Erst als seine Partner die Einstimmigkeit in diesem Gremium akzeptierten – und es damit entscheidungsunfähig machten, – war de Gaulle zur Weiterarbeit bereit.

De Gaulles Beispiel machte Schule – und Europa unterwarf sich seinen Diven von Valéry Giscard d'Estaing über Helmut Schmidt bis hin zu Margaret Thatcher.

De Gaulle sought good relations with Adenauer, but had no time for his successor, Ludwig Erhard, who became Chancellor of the Federal Republic in 1963. He considered the British unready for Europe, and when in 1965 his E.E.C. partners went so far as to propose that the European Parliament should have some say on common expenditure, he vacated France's seat in the most important joint decision-making body, the Council of Ministers. Only when his partners accepted unanimity as regards votes in Council – thereby depriving it of its decision-making power – was de Gaulle prepared to carry on.

De Gaulle's example set a precedent and since then Europe has continued to bow to the wishes of such 'prima donnas' as Valéry Giscard d'Estaing, Helmut Schmidt und Margaret Thatcher.

seur depuis 1963. Les Anglais ne lui étaient pas assez mûrs pour l'Europe, et lorsque ses partenaires de la C.E.E. – en 1965 – voulurent accorder au Parlement européen même le droit de co-décision en matière de dépenses communes, il résilia sa collaboration au Conseil des ministres, commission des décisions les plus importantes. C'est seulement lorsque ses partenaires acceptèrent d'adopter l'unanimité dans cette assemblée – et rendirent ainsi celle-ci incapable de prendre des décisions – que de Gaulle consentit à reprendre le travail.

L'exemple de de Gaulle fit école – et l'Europe se soumit à ses divas, de Valéry Giscard d'Estaing en passant par Helmut Schmidt jusqu'à Margaret Thatcher.

Erste Versuche der Annäherung. Robert Schuman und Konrad Adenauer.

First attempts at rapprochement. Robert Schuman and Konrad Adenauer.

Première tentative d'approche. Robert Schuman et Konrad Adenauer.

Bundeskanzler Adenauer und der französische Außenminister Robert Schuman bringen den Vorläufer der EWG, die Montanunion, auf den Weg (1951).

The German Chancellor Adenauer and the French Foreign Minister Robert Schuman set the Coal and Steel Community, the precursor of the E.E.C., on its tracks (1951).

Le chancelier Adenauer et le ministre français des Affaires étrangères, Robert Schumann, mettent en route le précurseur de la C.E.E., la Communauté Européenne du Charbon et de l'Acier (1951).

Der Schuman-Plan
... ein schönes Papier
... mit geradezu ...
unwahrscheinlichen ...
Möglichkeiten ...

The Schuman Plan
... a splendid document
... with quite ...
amazing ...
possibilities ...

Le plan Schuman
... un beau papier
... aux possibilités ...
bien invraisemblables ...

E. M. Lang

Coal and Steel Union, Energy Union, Agriculture Union, European Parliament Customs Union, Monetary Union, a European Army... Marianne seems to find it all very exciting anyway.

Communauté Européenne du Charbon et de l'Acier, Union pour l'Energie, Union Agricole, Parlement Européen, Union douanière et monétaire, et armée européenne... tentant tout ça du moins pour Marianne.

H. E. Köhler

„Laßt uns den Stier satteln, reiten wird Europa schon können ...!“

“We'll just saddle up the bull, Europe will know how to ride ...”

«Sellons le taureau. Europe se débrouillera bien pour monter ...!»

M. Szewczuk

„Unsere Union ist nicht exklusiv – sie hat Platz für alle!“

“Our union is far from exclusive – there’s room for all!”

«Notre Union n’est pas exclusive, il y a de la place pour tout le monde!»

H. E. Köhler

Auf der Straße nach Europa On the road towards Europe Sur la route vers l'Europe *E. M. Lang*

W. Hartung

„Die Lage war noch nie so gespannt!"

"The situation has never been so strained!"

«La situation n'a encore jamais été aussi tendue!»

J. Wolter

Ludwig Erhard: *„Hallo, Monsieur!“*

E. M. Lang

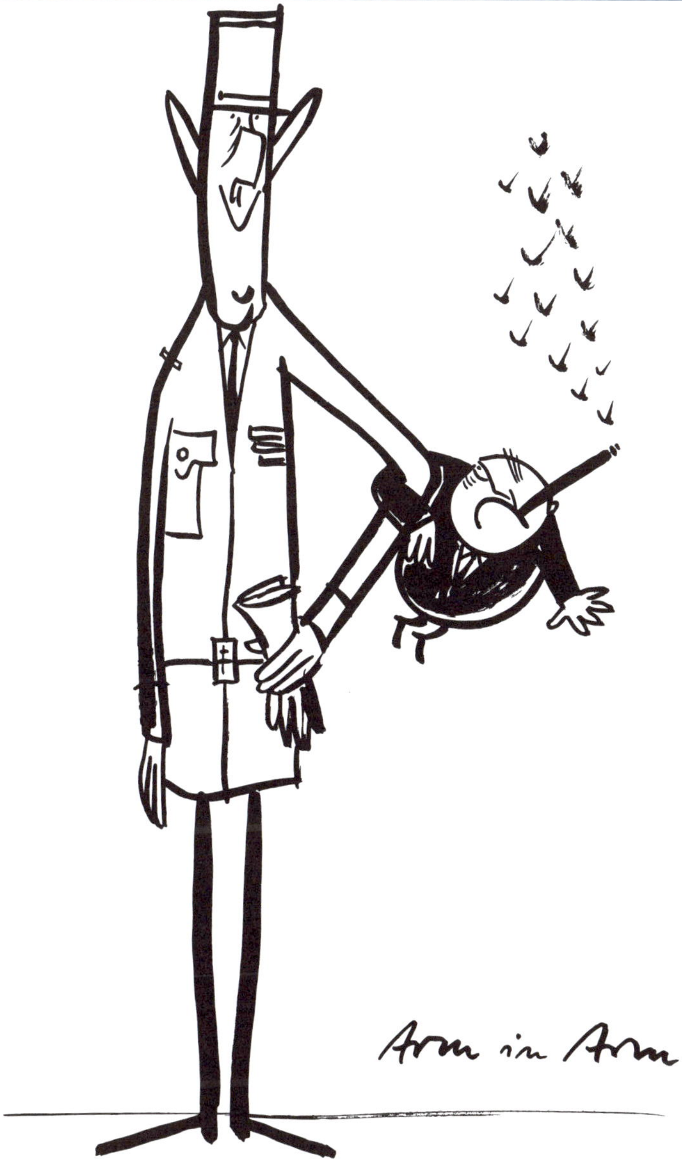

Arm-in-arm Bras dessus, bras dessous *T. Hagedorn*

Die Brücke am Quai (d'Orsay): Das Ziel ist klar – der dritte Wagen hinter der Lok.

The Bridge over the Quai (d'Orsay): We have a clear target – the third carriage back from the engine.

Le pont du Quai (d'Orsay): La cible est claire – le troisième wagon derrière la loco.

J. Wolter

„Alle mal herhören!“

E.E.C. ultimatum
“Everybody listen!”

Ultimatum C.E.E.
«Tout le monde écoute!»

H. Geisen

„Nur eine kleine Firmenänderung, maine Ärren...“

“We ‘ave make a leetle change of name, under new management the E.E.C. becomes the F.E.C.”

«Juste un petit changement de raison sociale, Messieurs ...»

H. E. Köhler

„Aber das nächste Mal packe ich ihn bestimmt bei den Hörnern!“

“Next time I promise you I'll take the bull by the horns!”

«Mais la prochaine fois, je le prendrai à coup sûr par les cornes!»

W. Hicks

Das EWG-Jubiläum

The E.E.C. Jubilee

Le jubilé C.E.E.

H. E. Köhler

„Und um es kurz zu sagen, meine lieben Mitarbeiter – wer hätte das von uns gedacht?!“

“To be brief, dear friends – who would have thought it of us?!”

«Et pour être bref, mes chers collaborateurs, qui aurait cru ça de nous?!»

„Das nächste Mal werden wir es ihr aber zeigen!“

“But next time we'll show you!”

«La prochaine fois, elle verra!»

F. Behrendt

„Sei lieb, Charly, komm zurück, wir bauen den Schlitten um, ja?“

“There’s a good chap, Charly, come back, we’ll rebuild the old banger, OK?”

«Sois gentil Charly, reviens, on transformera la bagnole, d’accord?»

H. E. Köhler

The French economy
Restrictions on imports

Economie française
Restrictions à l'importation

E. Heidemann

Gruppenbild mit Dame

Group portrait with lady.
Ten years of trouble – ten years of friendship.

Photo de groupe avec dame.
Dix ans de dispute – dix ans d'amitié.

H. Geisen

„. . .etwas mehr Engagement, Monsieur Brandt!“

“... a little more effort please, Monsieur Brandt!”

«... un peu plus d'engagement, Monsieur Brandt!»

H. Haitzinger

Die Euro-Direktoren

The Euro-Directors

Les Euro-Directeurs

Mitte der Siebziger Jahre sollte alles anders, zumindest besser werden. Mit diesem Anspruch jedenfalls traten die beiden Ex-Finanzminister Valéry Giscard d'Estaing und Helmut Schmidt ihre Regierungsämter in Paris und Bonn an. Gestützt auf ihre frühere Tätigkeit empfanden sich der französische Staatspräsident und der deutsche Kanzler als Fachleute für die komplizierten Verflechtungen der internationalen Wirtschaft.

1974, beim Amtsantritt Schmidts, erlebte Europa das erste Jahr der Ölkrise, die das jahrelang wirtschaftlich florierende EG-Europa mit einem neuen Phänomen bekanntmachte: der Stagflation, jenem brisanten Gemisch aus fehlendem Wachstum, Inflation und hoher Arbeitslosigkeit. Gegen diesen neuen Virus aber waren auch Giscard und Schmidt machtlos, und ihre Versuche, die eigene Reputation mit Taten

In the mid-Seventies everything was set to change, or at least get better. In any case, this was the claim made by the two ex-Finance Ministers who assumed power in Paris and Bonn, Valéry Giscard d'Estaing and Helmut Schmidt. On the basis of their former experience, the new President of the French Republic and the new German Chancellor saw themselves as experts in the complicated interplay of the world economy.

When Schmidt took over the reins of power in 1974, Europe was entering the first year of the oil crisis, which was to confront the long-flourishing economy of the Community with a new phenomenon, that of stagflation, a potent mix of falling growth rates, inflation and high unemployment. But both Giscard and Schmidt were powerless in the face of this new virus, and their attempts to bolster up their reputations with action were increasingly seen by their E.E.C. part-

Au milieu des années soixante-dix, tout devait devenir différent, pour le moins meilleur. C'est en tout cas avec cette prétention que les deux exministres des Finances Valéry Giscard d'Estaing et Helmut Schmidt s'installèrent dans leur fonction de chef d'Etat à Paris et à Bonn. Se basant sur leur activité antérieure, le président d'Etat français et le chancelier allemand se considéraient comme spécialistes des interpénétrations compliquées de l'économie internationale.

En 1974, lors de l'entrée en fonction de Schmidt, l'Europe vivait la première année de la crise pétrolière qui faisait connaître un nouveau phénomène à l'Europe de la C.E.E. économiquement florissante depuis des années: la ‹stagflation›, ce mélange détonant de manque de croissance, inflation et chômage élevé. Même Giscard et Schmidt étaient impuissants devant ce nouveau virus et leurs tentatives

zu bestätigen, wurde von den EG-Partnern zunehmend als ein Pas de deux der Selbstdarstellung empfunden.

Nach der Abwahl Giscards 1981 fiel es Schmidt sichtlich schwer, sich an François Mitterand als neuen Partner im deutsch-französischen Ballett zu gewöhnen.

Vielmehr setzte seit 1982 Schmidt-Nachfolger Helmut Kohl, der sich mystisch als ‚Enkel Adenauers' verstand, auf das Rezept seines Vorbildes. Tatsächlich erlebte die deutsch-französische Zusammenarbeit eine neue Blüte.

ners as an egoistic 'pas de deux'.

With the fall from power of Giscard in the elections of 1981, it became painfully clear that Schmidt found it very hard indeed to get in step with François Mitterand as his new partner in the Franco-German ballet.

It fell to Helmut Kohl in 1982, who saw himself as the direct descendant of Adenauer, to assume the mantle of his forbear. Franco-German co-operation received a welcome shot of new blood.

de confirmer une réputation personnelle par des actes furent bientôt, et de plus en plus, ressenties par les partenaires de la C.E.E. comme un pas de deux de l'auto-représentation.

Après que Giscard eut perdu les élections en 1981, Schmidt eut visiblement du mal à s'habituer à François Mitterand comme nouveau partenaire dans le ballet franco-allemand.

Depuis 1982, le successeur de Schmidt, Helmut Kohl, qui se ressentait de façon mystique comme ‹petit-fils› d'Adenauer, misa davantage sur la recette de son modèle. Effectivement, la collaboration franco-allemande connut une nouvelle floraison.

„Ich glaube, unser Fall eilt!“

“Our patient’s condition is dire!”

«Je crois que notre cas est urgent!»

H. Haitzinger

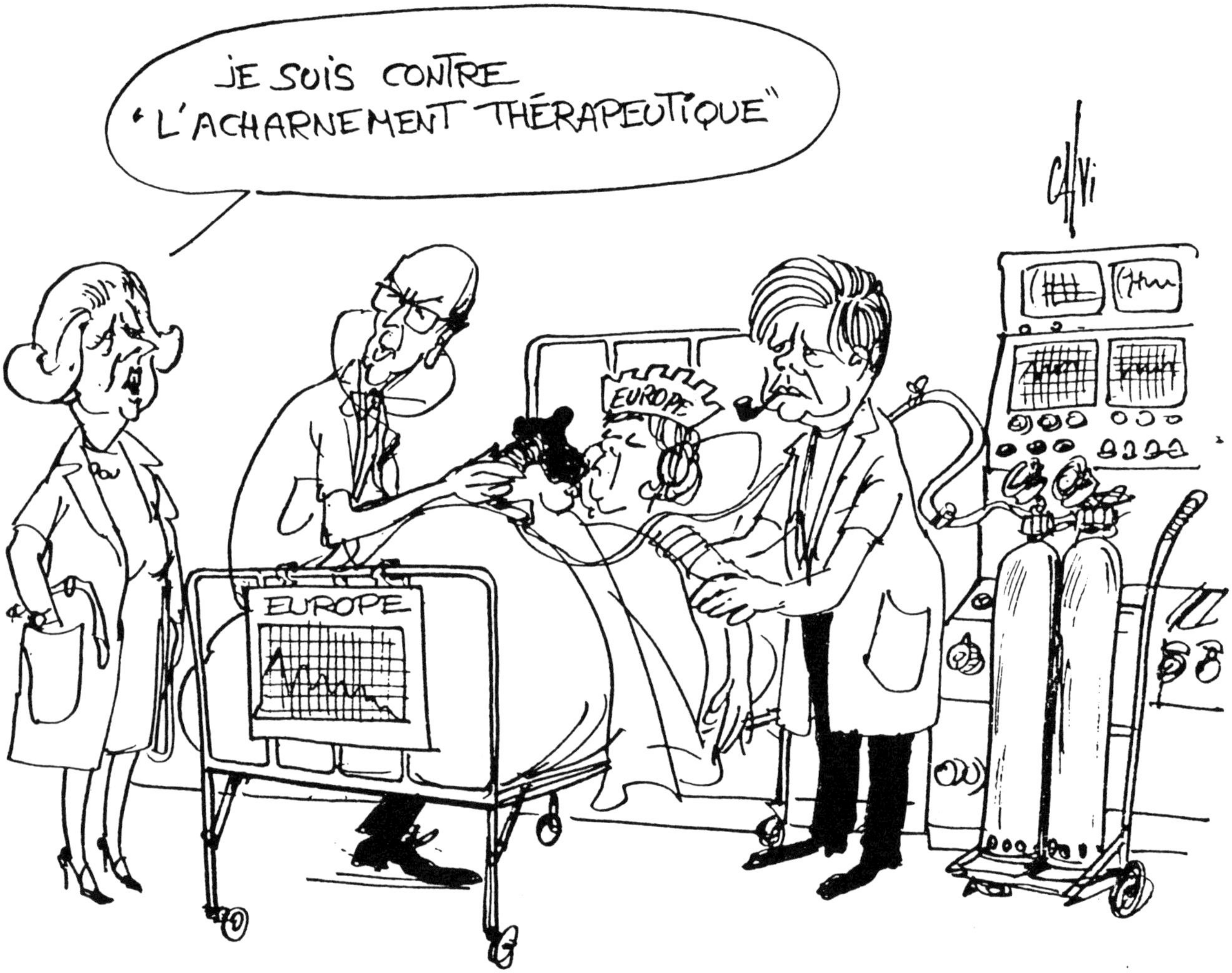

„Ich bin gegen jede therapeutische Verbissenheit!“

“I'm against keeping her alive any longer.”

Calvi

„Rote Pest und schwarze Cholera? Verflixt! Und wie sollen wir es behandeln?"

„Na ja ... wie immer ... Kräutertee und gute Worte!"

"The red plague and black cholera? My goodness! What is the treatment?"
"Oh well ... as usual ... herbal tea and soothing words."

J. Faizant

Pas de deux *Ch. Boost*

„Nicht so eng, Chérie, er guckt schon wieder so eifersüchtig!"

"Not so close, chérie, he's got that green-eyed look again!"

«Pas si près, chérie, il regarde de nouveau jalousement!»

H. Haitzinger

„Kein Zweifel: Europa liegt auf der westlichen Seite vom Osten!“

“No doubt, Europe is to the West of the East!”

«Il n'y a pas de doute: L'Europe est à l'occident de l'orient!»

Fremura

„Europa muß größer werden!“

“Europe has to expand its horizons!”

«L'Europe doit grandir!»

H. Busse

W. Hanel

H. Geisen

Die Enkel

The descendants in direct line stand before the monument to Franco-German Friendship.

Les petits-fils devant le mémorial de l'amitié franco-allemande.

F. Cerny

Deutsch-französische Freundschaft 1983

Franco-German Friendship 1983

Amitié franco-allemande en 1983

G. Joksch

W. Hanel

England. Slalom nach Europa

Great Britain. A zig-zag course for Europe

Angleterre. Slalom vers l'Europe

„Der Orient beginnt in Calais." Kein Satz der englischen Umgangssprache charakterisiert besser das gestörte Verhältnis der Briten zum europäischen Kontinent. Er formuliert ein Selbstwertgefühl, die britische Überlegenheit gegenüber den Kontinentaleuropäern schlechthin. Deswegen war auch der britische Kriegspremier Winston Churchill in der Beurteilung Frankreichs ganz sicher: „Ein Land mit 600 Käsesorten muß unregierbar sein."

Churchill, Anfang der Fünfziger Jahre noch einmal Premier, lehnte deswegen auch eine Mitarbeit am Aufbau der EWG ab. Sein Nachfolger Harold Macmillan aber konnte Anfang der Sechziger Jahre den wirtschaftlichen Erfolg der EWG nicht mehr leugnen, der sich so verführerisch von den wachsenden Schwierigkeiten auf der britischen Insel abhob. Als sich Macmillan 1962 um Aufnahme in den europäischen Klub be-

"The Orient begins at Calais." This slang expression expresses better than a thousand words the troubled relationship of the British with mainland Europe. It encapsulates the feeling of self-importance and the sense of innate superiority felt by the British in relation to continental Europeans. It was with supreme certainty that the wartime Prime Minister of Britain, Winston Churchill, declared "A country with 600 types of cheese has to be ungovernable."

It was for this reason that Churchill, who again became Prime Minister in the Fifties, spurned the chance of participating in the formation of the E.E.C. At the beginning of the Sixties, his successor, Harold Macmillan, could no longer deny the economic success of the E.E.C., which was at such stark variance with the growing difficulties of the island kingdom. When, in 1962, he applied for membership of the European Club, he was black-

«L'Orient commence à Calais!» Aucune phrase de l'anglais courant ne caractérise mieux la relation troublée des Britanniques avec le continent européen. Elle exprime une conviction de sa propre valeur, la supériorité britannique tout court vis à vis des Européens du continent. C'est pour cette raison que le ministre anglais de la Guerre, Winston Churchill, était tout à fait sûr quand il jugea la France: «Un pays avec 600 sortes de fromage doit être ingouvernable.»

C'est pour cela aussi que Churchill, une nouvelle fois Premier au début des années cinquante, refusa une collaboration à la mise en œuvre de la C.E.E. Mais au début des années soixante, son successeur Harold Macmillan ne put plus nier le succès économique de la C.E.E. qui se distinguait de façon si tentante des difficultés grandissantes de l'île britannique. Quand, en 1962, Macmil-

warb, da stellte sich Frankreichs Charles de Gaulle quer, und solange der Franzose in der Gemeinschaft das Sagen hatte, wurden auch die Versuche von Harold Wilson – seit 1965 Premier in London – zu einem Slalom der Demütigungen.

Erst de Gaulles Nachfolger Georges Pompidou wollte ab 1968 den Briten entgegenkommen. Es war schließlich der 1970 gewählte Konservative Edward Heath, der die Briten in die EG führte, ein Erfolg, den viele Briten zwiespältig beurteilten.

balled by de Gaulle, and for as long as the French had the final say, all attempts by Britain to join the Community, including those by Harold Wilson, who became Prime Minister in 1965, were rebuffed – a zig-zag course was set for a humiliating series of put-downs.

It was only with the advent of de Gaulle's successor, Georges Pompidou that an opening was made for Britain, and thus it was that the Conservative Prime Minister, Edward Heath, who was elected in 1970, took the British into the Community, a success seen by many of his compatriots as ambivalent.

lan posa sa candidature à l'adhésion au Club Européen, le Français Charles de Gaulle s'y opposa et tant que le Français avait son mot à dire dans la communauté, les tentatives de Harold Wilson – Premier à Londres depuis 1965 – furent elles aussi un slalom d'humiliations.

Ce n'est que le successeur de Charles de Gaulle, Georges Pompidou, qui depuis 1968 a bien voulu se montrer coopérant envers les Anglais. Ce fut finalement le conservateur Edward Heath, élu en 1970, qui conduisit les Anglais dans la C.E.E., un succès jugé par beaucoup d'Anglais avec ambiguité.

„Wir machen am besten nicht auf!“

NO HAWKERS!
“I don’t think we should answer the door.”

COLPORTAGE INTERDIT!
«On fera bien de ne pas ouvrir!»

„Höret die britannische Epistel und laßt euch bekehren, oh, König der Gallier!“

Preacher Adenauer: *“Listen to the word of the British and be converted, o king of the Gauls!”*

Prédicateur Adenauer: *«Ecoutez l'épître britannique et convertissez-vous, oh roy des Gaulois!»*

H. Kolfhaus

„Kann ich zu dir kommen . . .? Scheiden lasse ich mich aber nicht!"

"Will you have me. . .? – But I won't ask for a divorce!"

«Puis-je te rejoindre . . .? Mais je ne divorcerai pas!»

K.-H. Schoenfeld

„Mein lieber Macmillan, was wissen Sie über politische Verfassungen – Ihnen fehlt einfach unsere unübertroffene Erfahrung!"

"My dear Macmillian, what do you know about political constitutions – you just don't have our unrivalled experience!"

«Mon cher Macmillan, que connaissez-vous donc en constitutions politiques – il vous manque justement notre expérience inégalée!»

M. Cummings

Conditions for the accession of England to the E.E.C.

"The list is far too short, my dear Pompidou, they might well accept!"

Conditions pour l'adhésion de l'Angleterre à la C.E.E.

«La liste est beaucoup trop courte, mon cher Pompidou – ils sont capables de l'accepter!»

M. Cummings

Premier Wilsons Alptraum | Wilson's nightmare | Le cauchemar du Premier Wilson | *F. Behrendt*

Wilsons EG-Puzzle

Wilson's Common Market puzzle

J. Faizant

Der britische Premierminister Edward Heath: *„Entfernen Sie diesen Tand!“*

British Prime Minister Edward Heath: *“Take away that bauble!”*

Premier britannique Edward Heath: *«Enlevez-moi cette babiole!»*

M. Cummings

„Wir können kein Referendum machen – es wäre gegen unsere parlamentarischen Traditionen!“

“We can't have a referendum – it would go against our parliamentary traditions!”

«Nous ne pouvons pas organiser un référendum, – cela va à l'encontre de nos traditions parlementaires!»

M. Cummings

„Ein EG-Referendum. . .? Ich habe bis heute noch nicht die industrielle Revolution bewältigt!“

“Common Market referendum. . .? I haven't even come to terms with the Industrial Revolution yet!”

«Référendum du Marché Commun . . .? Je n'en ai même pas encore fini avec la révolution industrielle!»

JAK

„Ich habe weiß Gott alles versucht . . . aber ich fühle mich einfach nicht als Europäer. . .“

“God knows I've tried hard enough . . .but I just don't feel European. . .”

«Dieu sait si j'ai tout essayé . . . mais je ne me sens tout simplement pas Européen . . .»

D. Langdon

„Ich bleibe!" "I'm staying!" «Je reste!» H. Geisen

Die Lady bittet zur Kasse

The lady wants her money back

La lady prie de passer à la caisse

Margaret Thatcher wurde nach einem Wahlsieg der Konservativen 1979 in London Premierministerin. Die Lady konnte rechnen, und was sie an britischen Zahlungen in die gemeinsame EG-Kasse sah, gefiel ihr überhaupt nicht.

Die Briten, 1979 in der europäischen Neunergemeinschaft das sechstärmste Land, überwiesen nämlich genausoviel nach Brüssel wie die reichen Deutschen. Dies hatte seinen Grund in einem der vielen Prinzipien der gemeinsamen Agrarpolitik. Danach sollen die EG-Mitglieder vor allem voneinander Agrarprodukte beziehen. Die Briten aber, die das Gros ihrer Nahrungsmittel immer noch von den ehemaligen Kolonien kauften, wurden bestraft. Neuseeländische Butter etwa, halb so teuer wie EG-Butter, wird an der gemeinsamen Zollmauer auf den Preis der EG hochgeschleust. Die Differenz zwischen niedrigem Weltmarktpreis und hohem EG-Preis

Following a Conservative victory in the 1979 General Election, Margaret Thatcher became Prime Minister. She knew how to add up, and didn't like what she saw as regards British contributions to the E.E.C.

In 1979 the United Kingdom was the sixth poorest country in the Community of Nine, but they had to pay as much to Brussels as the prosperous Germans. This was the result of one of the many principles of the common agricultural policy, under which the E.E.C. Member States should obtain their agricultural supplies primarily from each other. This penalised the British, who had previously bought most of their food supplies from former colonies. The next result was that the price of New Zealand butter, for example, which actually costs half as much as E.E.C. butter, was bumped up to the Community Level by the Common external tariff. The British had to pay over to Brus-

En 1979, après une victoire des conservateurs aux élections, Margaret Thatcher devint Premier Ministre à Londres. La lady savait compter et ce qu'elle vit comme paiements britanniques dans la caisse commune de la C.E.E. ne lui plut pas du tout.

Car les Anglais – en 1979 dans la communauté des Neuf en sixième position par rang de richesse – versait autant à Bruxelles que les riches Allemands. Cela à cause d'un des nombreux principes de la politique agricole commune. Selon ceux-ci les pays, membres de la C.E.E., doivent se fournir en produits agricoles, en priorité, les uns chez les autres. Mais les Anglais, qui continuaient à acheter le gros de leurs produits alimentaires dans leurs anciennes colonies, furent punis. Par exemple, le beurre de Nouvelle Zélande, à moitié prix du beurre de la C.E.E., est porté au prix C.E.E. par le mur douanier commun. La différence entre le bas

mußten die Briten als eigene Einnahmen der EG nach Brüssel abführen.

Margaret Thatcher sah das aber ganz anders. Das vom britischen Zoll nach Brüssel überwiesene Geld war britisches Geld. Deswegen ihr Kampfruf: „Ich will mein Geld zurück". Sehr zum Ärger von Giscard und Helmut Schmidt setzte sich die ‚Eiserne Lady' durch.

sels the difference between the low world market price and the high E.E.C. price as the 'own resources' of the E.E.C.

Margaret Thatcher saw things quite differently. The money sent to Brüssels from British customs duties was British money. This explains her war-cry "I want my money back". Much to Giscard's and Schmidt's chagrin, the 'Iron Lady' won the day.

prix du marché mondial et le prix élevé C.E.E. devait être ristournée à Bruxelles par les Anglais en tant que recettes propres de la C.E.E.

Mais Margaret Thatcher voyait cela tout autrement. L'argent versé à Bruxelles par la douane britannique était de l'argent britannique. De là son cri de guerre «Je veux récupérer mon argent!» Au grand dépit de Giscard et de Helmut Schmidt, la ‹Dame de fer› l'emporta.

1972
Cummings
1980
Genuine Good European
Will do whatever the Common Market orders!
EUROPE
Genuine Good European
Will do whatever the Common Market orders!

M. Cummings

Herrenpartie 1982 Boy's outing 1982 Entre hommes 1982 *F. Wolf*

„Manchmal, Dr. Schmidt, wünschte ich mir, die Briten wären nicht am D-Day zurückgekommen."

"There are times, Dr Schmidt, when I wish the British had stayed away and not come back on D-Day."

«Il y a des moments, Dr Schmidt, où je souhaite que les Anglais soient restés où ils étaient et qu'ils ne soient pas revenus le jour J.»

M. Cummings

„Nein! Nein! In diesem Zug ist es der Zugbegleiter, der den 1.-Klasse-Passagieren Trinkgeld gibt!“

“Non! Non! On this train it's the attendant who tips the first-class passengers!”

«Non! Non! Sur ce train, c'est l'accompagnateur qui distribue les pourboires aux voyageurs de première classe!»

M. Cummings

„Aber, Maggie, mit Sicherheit kanntest Du die Regeln, bevor wir begannen!“

“But, Maggie, surely you knew the rules before we started!”

«Mais Maggie, tu connaissais tout de même les règles du jeu avant de commencer!»

JAK

„Sie bekommt allmählich Raffzähne ...“

„Nein ... Sie ist einfach nur eine Engländerin!“

"She's beginning to get a bit long in the tooth..."
"No, she's just ... typically English!"

Calvi

"'Your tailor is rich'! Klar! Bei dem Geld, das wir Euch zuschießen!"

"Your tailor is rich. But, of course! It's on all the money we've been handing out to you."

Calvi

„So, das wär's! Wir sind uns alle einig!"

"There you are – everyone is in agreement!"

Calvi

Die eiserne Lady

The Iron Lady: *"No compromises!"*

La Dame de fer: «*Pas de compromis!*»

W. Hanel

„Es ist schändlich, Mme Thatcher! Wer denken Sie, daß Sie sind! Sie benehmen sich wie ein Franzose!"

«Cest mal élevé, Mme Thatcher! Où vous croyez-vous – vous vous conduisez comme un Français!»

M. Cummings

„Seliger Charles, vergib uns, wir büßen bereits!"

"Our much-lamented Charles was right after all: 'England in the E.E.C.? Never!' But we knew better and now we've got to pay the price."

«Le bienheureux Charles avait raison: ‹L'Angleterre à la C.E.E.? Jamais!› On se croyait plus malins et maintenant on paie les pots cassés.»

H. Haitzinger

Schneewitchen Thatcher: *„Da ist nichts drin für mich – was hält mich noch?"*

Little snow white Thatcher: *"There's nothing in it for me, so why should I stay?"*

Blanche Neige Thatcher: *«Il n'y a rien pour moi là dedans – qu'est-ce qui me retient encore?»*

E. M. Lang

Europa und die Ölscheichs: Abschied von der Solidarität

Europe and the oil sheiks: Good-bye solidarity

L'Europe et les cheiks du pétrole: Adieu à la solidarité

Nach der Niederlage Ägyptens und Syriens gegen Israel im Oktober 1973 besannen sich die arabischen Ölscheichs ihrer Solidarität mit den Geschlagenen. Sie belegten israelfreundliche Staaten wie die Niederlande mit einem Boykott und erhöhten drastisch den Preis für die Energie, die die Wirtschaft Europas zu weit mehr als der Hälfte antrieb.

Der zur Waffe umfunktionierte Ölhahn zerstörte die Illusion von einer solidarischen Europäischen Gemeinschaft vollends. Frankreich und England versuchten sich mit den Ölscheichs zu arrangieren – und trieben damit die Preise hoch. Frankreich weigerte sich gar, das boykottierte Holland zu beliefern. Die Niederländer mußten ihrerseits erst mit dem Ende ihrer Erdgaslieferungen an Paris drohen, um französisches Öl zu bekommen.

Europas Regierungschefs boten ein Bild der Schwäche und des Eigennutzes, was die Scheichs

Following the defeat of Egypt and Syria by Israel in October 1973, the Arab oil sheiks recalled that they were in league with the losers. They slapped a boycott on pro-Israeli States such as the Netherlands, and drastically raised the price of their oil, on which the European economy was dependent for considerably more than half of its needs.

The transformation of the oilcock into a weapon totally shattered the illusion of solidarity in European Community. France and England tried to come to an arrangement with the oil sheiks – thereby pushing up prices. France even went so far as to refuse to supply boycotted Holland. All the Dutch had to do was threaten to cut off their supplies of natural gas to Paris, and French oil began to flow their way again.

The European Heads of Government presented a sorry picture of vacilation and self-interest, which was exploited to the full

Après la défaite de l'Egypte et de la Syrie devant Israël en octobre 1973, les cheiks du pétrole se souvinrent de leur solidarité avec les vaincus. Ils frappèrent de boycott des Etats pro-israélites tels les Pays-Bas et augmentèrent de manière fulgurante le prix de l'énergie sur laquelle étaient basées plus de la moitié de toutes les économies de l'Europe.

Le robinet pétrolier, transformé en arme, détruisit totalement l'illusion d'une Communauté Européenne solidaire. La France et l'Angleterre tentaient de s'arranger avec les cheiks du pétrole – et faisaient ainsi grimper les prix. La France refusait même de fournir la Hollande frappée d'embargo. Il fallut que les Néerlandais menacent de leur côté d'arrêter de fournir Paris en gaz naturel pour qu'ils reçoivent du pétrole français.

Les chefs de gouvernement européens n'étaient que faiblesse et égoïsme, fait dont les cheiks et

und die Ölgesellschaften kräftig ausnutzten. Europas Bürgern aber blieben in der durch den Ölpreisboom ausgelösten Rezession nur Hoffnungen und ein paar hämische Träume.

by the oil sheiks and the oil companies. All that remained for the citizens of Europe in the wake of the recession triggered off by the oil shock were their hopes and a few spiteful dreams.

les compagnies pétrolières profitaient largement. Dans la récession provoquée par le boom des prix pétroliers il ne restait aux citoyens de l'Europe que des espoirs et quelques méchants rêves.

Mauldin

R. Kutschera

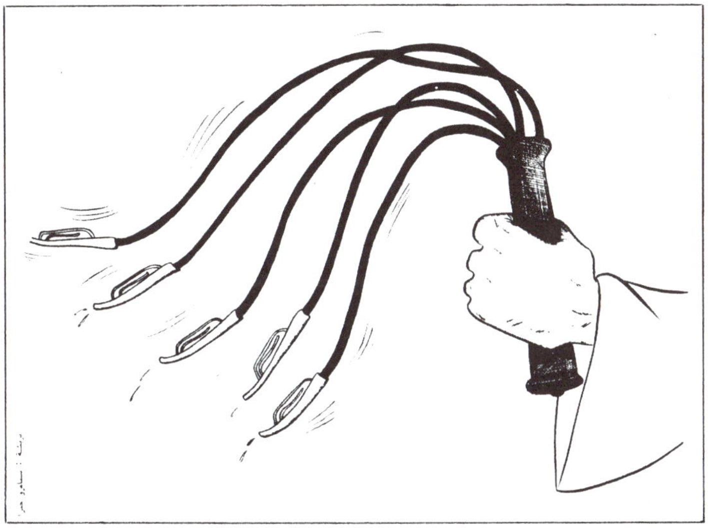

Assayad

R. R. Lurie

Ölgespräche Oil talks Entretien pétrolier *F. Behrendt*

M. Cummings

A. Trez

„Kein Fleckchen mehr, das man noch kaufen könnte!“

“There's not a scrap of land left to be bought!”

«Plus un lopin qu'on pourrait acheter!»

H. Haitzinger

„Rette sich, wer kann!“ “Every man for himself!” «Sauve qui peut!»

Tim

(S)OLIDARITÉ

Gys

Juhl

Auslaufende Tendenz A disappearing trend Tendance découlante *K. Böhle*

Die Zeiten ändern sich! How times change! Les temps changent! *F. Behrendt*

Europa sattelt um: Vom Stier zur Schnecke

Europe changes its mount: From a bull to a snail

L'Europe change de selle: Du taureau à l'escargot

De Gaulles Extratouren, das Gewinnstreben der Briten und eine schier unermeßliche Fürsorge für eine den meisten Bürgern unverständliche Agrarpolitik – wen wundert es, daß die Politiker das Ansehen Europas nach und nach verspielten. An die Stelle des Stiers, der Europa kraftvoll in eine neue politische Zukunft tragen sollte, trat die Schnecke, die das Tempo des europäischen Zusammenschlusses bestimmte.

1972 hatten sich Europas Regierende in Paris die Europäische Union für 1980 versprochen. Daraus wurde, wie die Ergebnisse der dreimal jährlich veranstalteten Treffen der Regierungschefs erwiesen, nichts. Leidtragender des wachsenden Euroverdrusses der Bürger wurde das Europäische Parlament, das 1979 erstmals direkt gewählt wurde. Die Wahlbeteiligung lag weit unter dem üblichen Interesse für heimische Parlamentswahlen.

Was it any surprise then that, in the face of de Gaulle's intransigence, the mercenariness of the British and the bottomless pit of an agricultural policy that was incomprehensible to the majority of the population, the politicians should have gradually gambled away Europe's credit? The bull which was supposed to carry Europe powerfully into a new political future was replaced by the snail, which was to set the pace for the process of European integration.

In 1972 in Paris Europe's political masters had pledged to bring about European Union by 1980. This promise came to nought, as is shown by the results of the thrice-yearly meetings of the Heads of State and Government. The real victim of the growing sense of public irritation at anything to do with Europe was the European Parliament, which was directly elected for the first time in 1979. The turnout was

Les extravagances de de Gaulle, la course au profit des Anglais, une assistance incommensurable à une politique agricole incompréhensible à la plupart des citoyens – quoi d'étonnant à ce que la renommée de l'Europe alla à sa perte par la faute des politiciens. A la place du taureau qui devait porter l'Europe vigoureusement vers un nouvel avenir, l'escargot vînt donner le rythme à l'unification de l'Europe.

En 1972 les gouvernants de l'Europe s'étaient promis à Paris l'Union Européenne pour 1980. Il n'en fut rien comme le démontrèrent les résultats des rencontres des chefs de gouvernement, organisées trois fois par an. Le Parlement Européen, élu pour la première fois au suffrage direct en 1979, devint le souffre-douleur des citoyens européens mécontents. La participation au suffrage restait de loin inférieure à l'intérêt habituel pour les élections parlementaires nationales.

Nationaler Eigennutz, vorgeführt von den Regierenden, bestimmte das Bild von Europa. So fühlten sich etwa die Deutschen ständig von ihren Partnern mißverstanden, sei es in der Umweltpolitik, sei es in ihrer Vorliebe für reingebrautes Bier. Angesichts der Bedrohung durch sowjetische Raketen und der wachsenden wirtschaftlichen Konkurrenz durch Japan und die USA flößten die Regierungschefs ihren Wählern kaum noch Vertrauen für die Zukunft ein.

way below that for national parliamentary elections.

National self-interest, as demonstrated by its rulers, was to determine the image of Europe. The Germans always felt that they had been misunderstood by their partners, whether as regards environmental policy or their preference for unadulterated beer. In the face of the threat of Soviet missiles and of ever-increasing competition from Japan and the U.S.A., the behaviour of the Heads of Government was hardly calculated to fill their electorate with confidence.

L'égoïsme national, démontré par ceux qui gouvernent, domine l'image de l'Europe. C'est ainsi que par exemple les Allemands se sentent toujours incompris par leurs partenaires, que ce soit en politique d'environnement ou concernant leur préférence pour la bière brassée proprement. Face à la menace des fusées soviétiques et de la concurrence économique grandissante du Japon et des Etats-Unis, les chefs de gouvernement n'inspirent plus guère confiance en l'avenir à leurs électeurs.

Yesterday ... Today ... Tomorrow ...?

Hier ... Aujourd'hui ... Demain ...?

K.-H. Schoenfeld

25 Jahre Rom-Vertrag The Rome Treaty 25 years on 25 ans Traité de Rome *P. Leger*

Weiterhin auf Entführung wartende Europa

Europe's still waiting to be carried off

Europe attend toujours son enlévèment

H. Haitzinger

Europawahlen Juni 1979

Europa und ihr Stier

European elections June 1979

Europe and her bull

Elections européennes juin 1979

Europe et son taureau

H. Haitzinger

Eurobic *W. Hanel*

Before the elections ...
After the elections ...

Avant l'élection ...
Après l'élection ...

P. Leger

„M'Lady wünscht zu wissen, ob Sie heute Ascot besuchen werden oder die Debatte über die europäischen Wahlen, M'Lord."

"M'Lady wishes to know if you will be attending Ascot today or the party political debate on the European election, M'Lord."

«Madame désire savoir si vous vous rendez à Ascot aujourd'hui ou au débat politique concernant les élections européennes, M'Lord?»

C. Giles

„Man wählt zwischen wem bei den Europa-Wahlen?"

„Zwischen denen, die Europa vorantreiben wollen und denen, die es mit ihr treiben wollen!"

"What is the choice in the European elections?"

"Between those who want to build a future for Europe and those who want to keep her for themselves."

J. Faizant

Europa-Wahlen

„Ich kann mir wahrhaftig nicht vorstellen, Leute nach Straßburg zu schicken, die sich abrackern, aber nicht vorwärts kommen."

European elections

"I really don't intend sending people who get stuck in sauerkraut to Strasbourg."

J. Faizant

F. Behrendt

„Erstaunlich – sie müßte eigentlich schon lange das Zeitliche gesegnet haben.“

“It's long past the happy hour.”

«Etonnant – au fond elle aurait dû casser sa pipe depuis longtemps.»

W. Hanel

EGoismus..
EnGstirnigkeit
EiGensinn...
EGo-trip..
... DENK ICH AN EUROPA...
Hanel 87

W. Hanel

W. Hanel

Das Europa-Union-Wunder

„Bin neugierig, wie bis 1980 aus Papier Fleisch und Blut werden soll!"

The miracle of European Union

"I'm curious to see how the paperwork will be turned in to flesh and blood by 1980!"

Le miracle de l'Union Européenne

«Je suis curieux de voir comment d'ici 1980 le papier deviendra chair et sang!»

H. E. Köhler

In the rarefied atmosphere of the summits, the Tour d'Europe trips from Statement of Intent to Decision to Resolution and on to Declaration.

Tour d'Europe d'explication en décision et résolution vers la déclaration.

P. Leger

Von Loch zu Loch

Finances

One bottomless pit after another

Financement

De trou en trou

W. Hanel

Das Ergebnis

The result of the London Summit

Le résultat du sommet C.E.E. à Londres

Jiri

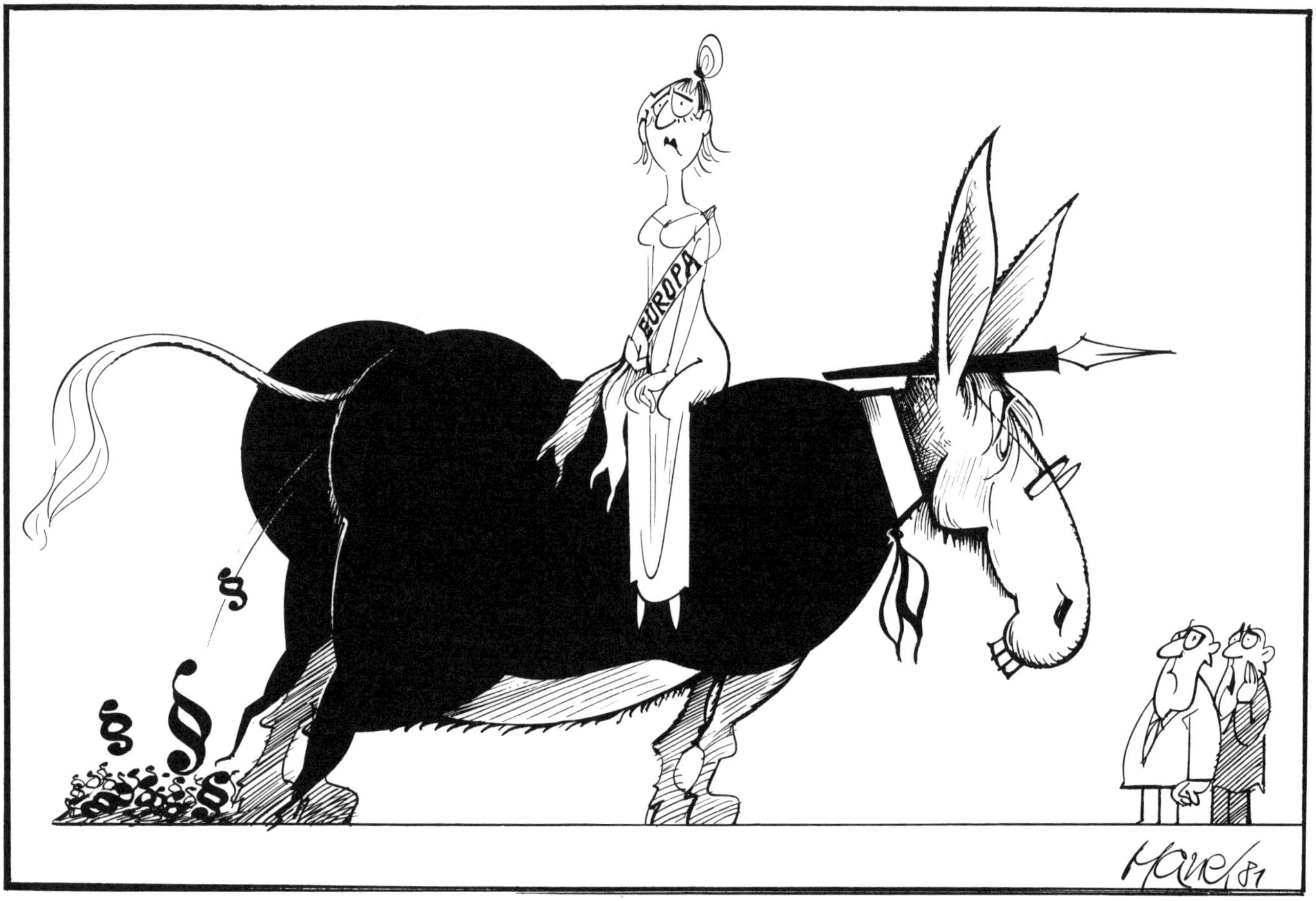

„Und ich dachte immer, Europa würde auf einem Stier sitzen.“

“I'd always thought that Europe would be mounted on a bull.”

«Et moi, je pensais toujours qu'Europe était juchée sur un taureau.»

W. Hanel

„Schau an, die Literatur hat aber doch enorme Fortschritte gemacht seit Moses!"

The ten commandments: 279 words
American Declaration of Independence: 300 words
Regulation on the import of toffees: 25,911 words

"Literature has come a long way since Moses!"

Les dix commandements: 279 mots
Déclaration américaine d'indépendance: 300 mots
Réglementation régissant l'importation de bonbons caramels: 25911 mots

«Regarde, la littérature a tout de même fait d'énormes progrès depuis Moïse!»

J. Wolter

„Der Herr von nebenan zahlt mit!“

“The gentleman at the next table’s chipping in with the bill!”

«Le Monsieur d’à côté partage la note!»

W. Hicks (1958)

In der angenehmen Erwartung wohltuender Wirkung

In eager expectation of a beneficial effect

Dans l'agréable attente de l'action bienfaisante

H. Geisen

Europäischer Lastenausgleich European burdensharing Répartition européenne des charges *P. Leger*

„... Liebe Brüder und Schwestern in der EG! Opferbereitschaft und Solidarität ...“

“... Dear fellow Europeans! A spirit of sacrifice and solidarity is required ...”

«Chers frères et sœurs de la C.E.E.! Esprit de sacrifice et de solidarité ...»

H. Haitzinger

„Hallo! Umweltfreunde Europas, wo seid ihr?"

The catalyser and U.S. standards

"Environmentalists of Europe, show yourselves!"

Katy et les normes américaines

«Hallo! Amis de l'environnement de l'Europe, où êtes-vous?»

W. Hanel

W. Hanel

„Der starb nicht am sauren Regen, der hat sich soeben totgelacht!“

“It wasn’t acid rain that killed this tree, it died of laughter after reading the headline ‘E.E.C. compromise. Decisive breakthrough on environmental policy’.”

«Celui-là n’est pas mort de la pluie acide, il est juste mort de rire à la vue des manchettes ‹Compromis C.E.E.: Percée décisive de la protection de l’environnement›!»

H. Haitzinger

„Wir kennen keine europäische Einigung mehr, wir kennen nur noch deutsches Bier!"

"European Union, what's that?! – All we're interested in is German beer!"

«On ne connaît plus l'unification européenne, on ne connaît que la bière allemande!»

W. Hanel

Europa – mit sich selbst beschäftigt

Europe minds its own business

L'Europe – occupée d'elle-même

P. Leger

Europa 1983 *P. Leger*

Hier entsteht EUROPA European building site *Calvi*

Gipfeltreffen in Athen

„Hier über die Zukunft Europas zu sprechen . . . das ist ein Omen!“

European Summit in Athens

“Talking of the future of Europe here . . . it's an ill omen.”

Calvi

W. Hanel

Die Schutzmacht ruft nach Schutz

The protecting power clamours for protection

La puissance protectrice appelle à l'aide

Mochte auch das Ansehen der EG bei den Bürgern verfallen, die Welt sah in Europa einen Wirtschaftsblock entstehen, der an Umsatz und Einkommen dem bisher führenden Wirtschaftsgiganten USA Konkurrenz machte. Die Kollision Europas mit der Schutzmacht auf der anderen Seite des Atlantiks war programmiert, denn nicht nur um den europäischen Markt mußten die Amerikaner fürchten, auch daheim waren die einstigen Schutzbefohlenen aus Europa gefährliche Konkurrenten geworden.

1971 hob der damalige US-Präsident Richard Nixon die Goldbindung des Dollars auf – der Dollar verlor seine Rolle als Symbol wirtschaftlicher Übermacht. Vergebens versuchten die Europäer in den Siebziger Jahren, Präsidenten wie Richard Nixon oder Jimmy Carter

Though the citizens of Europe were losing faith in the E.E.C., the rest of the world saw Europe as a burgeoning economic bloc, competing in turnover and revenue with the previously dominant economic giant, the United States. This collision between the protecting power on the other side of the Atlantic und Europe had long been on the cards, as the Americans were under attack not only on the European market, but also had to fear for their own domestic market, where their erstwhile protégé had become a dangerous rival.

In 1971 the then President of the United States, Richard Nixon, took the dollar off the Gold Standard, and the dollar lost its role as the symbol of economic preponderance. In the Seventies the Europeans sought in vain to convince U.S. Presidents such

Même si la renommée de la C.E.E. était en déclin auprès des citoyens, le monde voyait naître en Europe un bloc économique apte à concurrencer le géant économique USA en chiffre d'affaires et revenus. La collision de l'Europe avec la puissance protectrice outre-atlantique était programmée, car les Américains ne devaient pas seulement craindre pour le marché européen, les anciens protégés d'Europe étaient devenus des concurrents dangereux, même sur leur propre territoire.

En 1971, le président américain de l'époque, Richard Nixon, leva la liaison du dollar à l'or – le dollar perdait son rôle de symbole de supériorité économique. Pendant les années soixante-dix, les Européens tentèrent en vain de faire comprendre aux présidents Richard Nixon et Jimmy Carter que Washington

klar zu machen, daß auch Washington Währungspolitik zu treiben habe; der Dollarkurs wurde zu einem Streitpunkt zwischen Amerikanern und Europäern.

Besonders gefährlich wurde es für die Europäer, als 1980 Ronald Reagan ins Weiße Haus einzog. Seine Politik der Stärke gegenüber Moskau bekamen die Europäer zu spüren, als er ihnen die Mitarbeit an der sowjetischen Pipeline untersagte. Gleichzeitig lieferten die USA weiterhin ihre Weizenüberschüsse in die Sowjetunion.

Der Aufbruch Reagans zu einem Verteidigungssystem im Weltraum (SDI) schürte in Europa Hoffnungen auf eine Beteiligung an den Früchten der technologischen Zukunftsvision – eine trügerische Hoffnung?

as Richard Nixon and Jimmy Carter of the need for Washington too to pursue a monetary policy; the dollar exchange rate became a bone of contention between Americans and Europeans.

The situation for the Europeans became particularly tricky when Ronald Reagan moved into the White House in 1980. His policy of opposing Moscow with force was brought home to Europeans when he refused to allow them to co-operate in building the Soviet pipeline. Meanwhile the Americans continued to offload their grain surpluses on the Soviet Union.

Reagan's 'Star Wars' Strategic Defence Initiative (S.D.I.) fueled European hopes of sharing in the fruits of this vision of the technological future – what will be the reality?

aussi devait s'occuper de politique monétaire; le cours du dollar devenait la pierre d'achoppement entre Américains et Européens.

Quand en 1980, Ronald Reagan emménagea à la Maison Blanche, la situation devint particulièrement dangereuse. Les Européens eurent à ressentir sa politique de la force envers Moscou quand il leur interdit toute collaboration au pipe-line soviétique. En même temps, les Etats-Unis continuaient à fournir leurs excédents de blé à l'Union Soviétique.

L'éveil de Reagan à un système de défense dans le cosmos (SDI) suscita en Europe des espoirs de partage des fruits de cette vision technologique de l'avenir – un espoir trompeur?

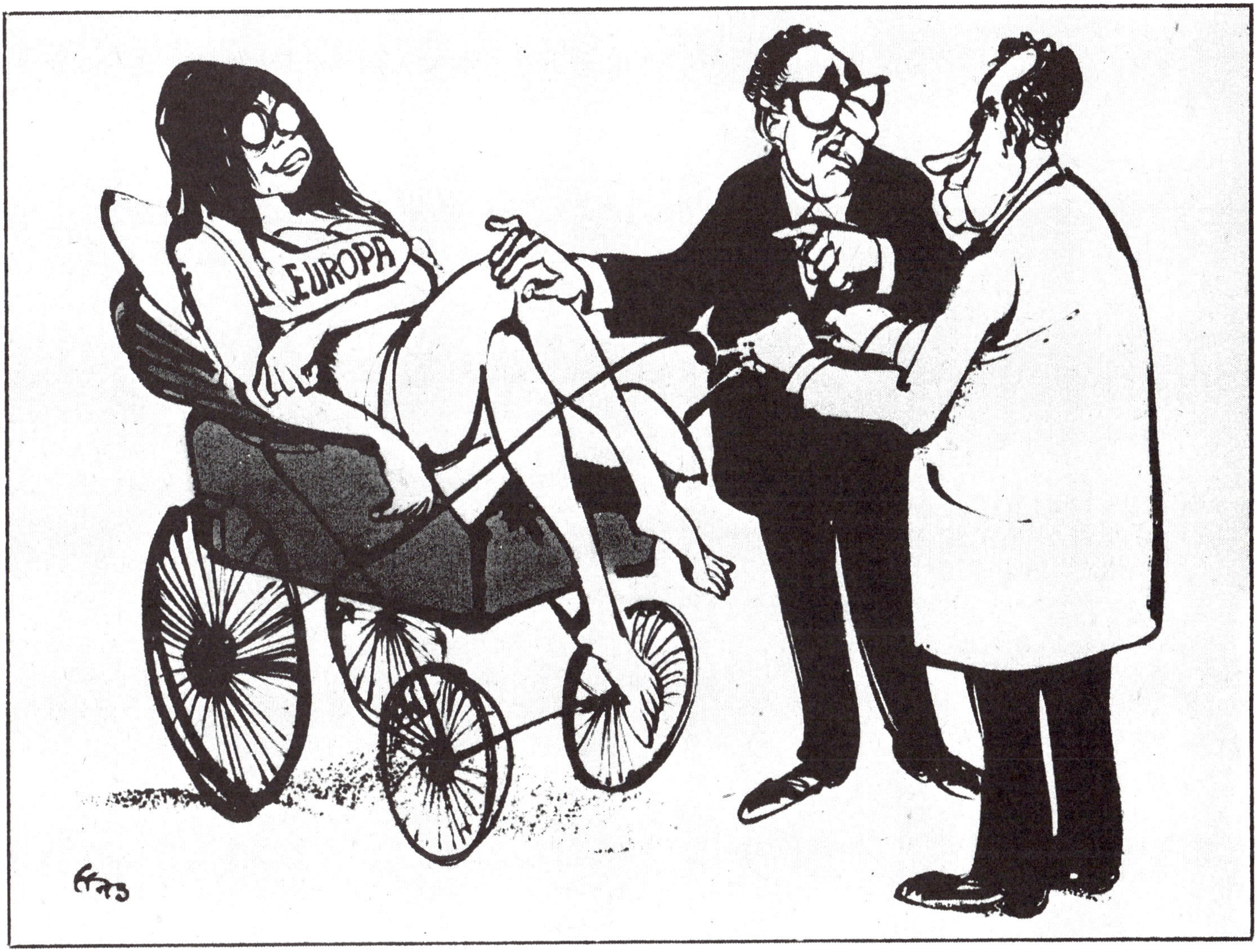

Kissinger zu Nixon: *„Ich meine, unser Baby wird gefährlich groß!"*

Kissinger to Nixon: *"Don't you think our baby's getting dangerously big?"*

Kissinger à Nixon: *«Je trouve que notre bébé a grandi dangereusement!»*

H. Haitzinger

„Und wenn die nun einen Wettbewerb im Mauerbau starten?“

U.S. customs wall

We support free trade!
“What if they start to compete in building walls?”

Mur douanier américain

Pour la liberté du commerce!
«Et s’ils commençaient un concours en construction de murs?»

Herblock

„Wenn er denkt, Vietnam war hart, warte bis er versucht, einen Friedensvertrag mit uns zu schließen!"

"If he thinks Vietnam was a hardship, wait till he tries to sign a peace-treaty with us!"

«S'il pense que le Viêt-nam était une dure affaire, qu'il essaie de signer un traité de paix avec nous!»

Oliphant

Jimmy Carter zum invaliden Dollar: *„Kann ich Ihnen vielleicht irgendwie unter Umständen eventuell irgendwann einmal behilflich sein?"*

Jimmy Carter to the ailing dollar: *"Could I perhaps possibly under certain conditions maybe sometime help you in some way?"*

Jimmy Carter au dollar invalide: *«Puis-je peut-être d'une certaine manière en certaines circonstances à un moment donné vous aider éventuellement?»*

H. Haitzinger

R. R. Lurie

„Hallo, Partner, ich meine, wir hätten eine andere Nummer vereinbart!“

“Hey partner, this isn't the act we agreed on!”

«Hallo partenaire, je pense qu'on avait convenu d'un autre numéro!»

H. Haitzinger

Fehlzündung?

U.S.-E.E.C. friendship

Misfire?

Amitié américano-européenne

Maldonne?

H. Haitzinger

EG-Röhren oder US-Weizen – das ist hier die Frage.

E.E.C. pipeline or U.S. grain – that is the question.

Tubes C.E.E. ou blé américain – là est la question.

H. Haitzinger

„Da Sie die Röhren für das Gas nicht brauchen. . .“

“Since you don't need the pipeline for gas . . .”

«Puisque vous n'avez pas besoin des tubes pour le gaz . . .»

J. Borgman

Der Klaviervirtuose Piano virtuoso Le pianiste virtuose *W. Hanel*

Duo auf zwei Klavieren Duet for two pianos Duo sur deux pianos *W. Hanel*

Gästehaus für Europäer

An inn for Europeans

Chambre d'amis pour Européens

L. Murschetz

Eurotechnology begins here! Ici se fait l'eurotechnologie! *W. Hanel*

Die renovierte Freiheitsstatue

Economic interests

The Statue of Liberty renovated

Intérêts économiques

La statue de la liberté renovée

W. Hanel

Die Zukunft hat schon begonnen

The future has already begun

L’avenir a déjà commencé

Die Anforderungen der neuen Technologien waren es schließlich Anfang der Achtziger Jahre, die dem oft geschmähten Europa eine neue hoffnungsfrohe Perspektive gaben. Nach der Katastrophe des amerikanischen Raumgleiters ‚Challenger' im Frühjahr 1986 waren es die Europäer, die mit ihrer Trägerrakete ‚Ariane' über das einzige funktionierende Trägersystem für Satelliten im Westen verfügten. Ihr gemeinsam hergestellter ‚Airbus' war zur ernstzunehmenden Konkurrenz für die amerikanische Flugzeugindustrie geworden.

Als am 1. Januar 1986 mit dem Beitritt Spaniens und Portugals die EG mit 320 Millionen Verbrauchern zum größten Markt der westlichen Industriewelt wurde, da wollten nun auch die Politiker ein seit dreißig Jahren unerfülltes Versprechen einlösen: die Schaffung eines gemeinsamen Binnenmarktes. Bis 1992 sollte der Warenaustausch unter den Zwölfen nicht länger durch nationale Normen und Verwaltungsvorschriften behindert werden.

Eine wichtige Voraussetzung dafür hatten sich die Europäer schon 1979 geschaffen. Das Eu-

A bleating Europe found new hope at the start of the Eighties in the demands of the new technologies. Following the tragic demise of the American space shuttle Challenger in early 1986, the Europeans found themselves with the only viable satellite launching platform in the West, the Ariane rocket. Their jointly-produced Airbus has become a serious rival to the American aeronautics industry.

When, on 1 January 1986, Spain and Portugal joined the Community, thus making it, with a population of 320 million, the largest single market in the western industrialised world, even the politicians saw the interest in redeeming a promise made thirty years previously and never fulfilled: the completion of the internal market. They set themselves the objective of removing all national barriers, in the form of standards or administative provisions, to trade between the Twelve.

They had already taken an important step in this direction in 1979 with the setting-up of the European Monetary System (E.M.S.) whereby the German Mark, the French Franc, the Dutch Guilder, the Danish

Ce furent finalement les exigences des technologies nouvelles qui donnèrent enfin à l'Europe, souvent humiliée, une nouvelle perspective pleine d'espoir au début des années quatrevingt. Après la catastrophe de la navette américaine ‹Challenger›, au printemps 1986, ce furent les Européens qui disposèrent, avec leur fusée porteuse ‹Ariane›, du seul système de transport de satellites fonctionnel en occident. Leur ‹Airbus›, de fabrication commune, était devenu une sérieuse concurrence pour l'industrie aéronautique américaine.

Quand au premier janvier 1986, la C.E.E. devint, par l'adhésion de l'Espagne et du Portugal, avec 320 millions de consommateurs, le plus grand marché du monde industrialisé occidental, alors les politiciens voulurent tenir enfin une promesse faite il y a trente ans: La création d'un Marché Commun Intérieur. D'ici 1992 l'échange de marchandises parmi les Douze ne devrait plus être entravé par des normes et réglementations administratives nationales.

Déjà en 1979, les Européens s'étaient créé une condition préalable importante pour cela. Le Système Monétaire Européen

ropäische Währungssystem (EWS) kettet Mark, Franc, Gulden, Dänenkrone, Pfund, luxemburgische und belgische Franken wie auch Lira derart aneinander, daß die Regierungen erstmals eine gemeinsame Wirtschaftspolitik treiben mußten. In der Verrechnungseinheit des Systems, dem ECU, sehen viele schon den Embryo für eine gemeinsame europäische Währung.

Europa am Ende? Nein, es sieht so aus, als würde es jetzt erst richtig anfangen.

Sicher auch aus der – späten – Erkennnis heraus, daß nur mehr Einheit den einzelnen europäischen Staaten die politische und wirtschaftliche Sicherheit garantiert, um auch im nächsten Jahrtausend zu überleben. Auch wenn die EG an ihrem 30. Geburtstag – am 27. März 1987 – noch weit von den Idealen der Gründerväter entfernt ist, bleiben wir milde und in Geburtstagsstimmung. Was wäre eigentlich mit dem alten Europa, wenn es diese Gemeinschaft nicht gäbe?

Krone, the Irish Punt, the Belgian and Luxemburg Francs, as well as the Italian Lira were linked in such a way that Governments were obliged for the first time to pursue a common monetary policy. Many already see the systems's accounting unit, the ECU, as an embryonic common European currency.

Europe at last? It looks rather as if it is only now really starting to get under way, realization having – finally – dawned that only through a greater degree of unity between the individual Member States could the political and economic stability required to ensure their survival into the 21st century be guaranteed. Even though Europe will still be a long way from achieving the ideals of its founding fathers when it celebrates its thirtieth birthday on 27 March 1987, we should not judge it too harshly and should be full of birthday spirit. For where would the old Europe be now, if the Community did not exist?

(SME) reliait Mark, Franc, Florin, Couronne Danoise, Livre, Francs luxembourgeois et belge ainsi que la Lire, de telle façon que les gouvernements devaient commencer pour la première fois à mener une politique monétaire commune. Il y en a beaucoup qui voient déjà dans l'unité de compte du système l'ECU l'embryon d'une monnaie commune.

L'Europe au bout du rouleau? On dirait presque que ça ne fait que commencer. Cela certainement aussi à cause de la prise de conscience – tardive – que seul l'unité renforcée peut garantir aux divers Etats européens la sécurité politique et économique nécessaire pour survivre au prochain millénaire. Même si la C.E.E. est encore bien éloignée de l'idéal des pères fondateurs le jour de son trentième anniversaire – le 27 mars 1987 –, restons cléments et d'humeur d'anniversaire. Au fond, qu'en serait-il advenu de l'ancienne Europe si cette communauté n'existait pas?

Die dritte Weltraumkraft

The third power in the space race

La troisième force cosmique

W. Hanel

„Dat muß man den jungen Leuten lassen, Herr de Gaulle: An hochfliegenden Plänen haben die keinen Mangel."

"You must admit that the youth of today has no shortage of high-flying plans."

«Il faut l'accorder à ces jeunes gens, ils ne manquent pas de projets qui visent haut.»

H.-J. Gerboth

Flugzeugträger

The taxpayers as aircraft carrier

Les contribuables comme porte-avions

E. Körbi

H. Haitzinger

„Herzlich willkommen im einigen Europa!“

“Welcome aboard at united Europe!”

«Soyez les bienvenus en Europe unie!»

W. Hanel

„Unsere neuen spanischen Kollegen haben sich noch nicht so ganz an die EG gewöhnt."

"Our new Spanish colleagues haven't quite got the hang of our Community ways yet."

«Nos nouveaux collègues espagnols ne se sont pas encore tout à fait habitués à la C.E.E.»

EWG-Résistance

E.E.C. resistance workers

La Résistance C.E.E.

E. Heidemann

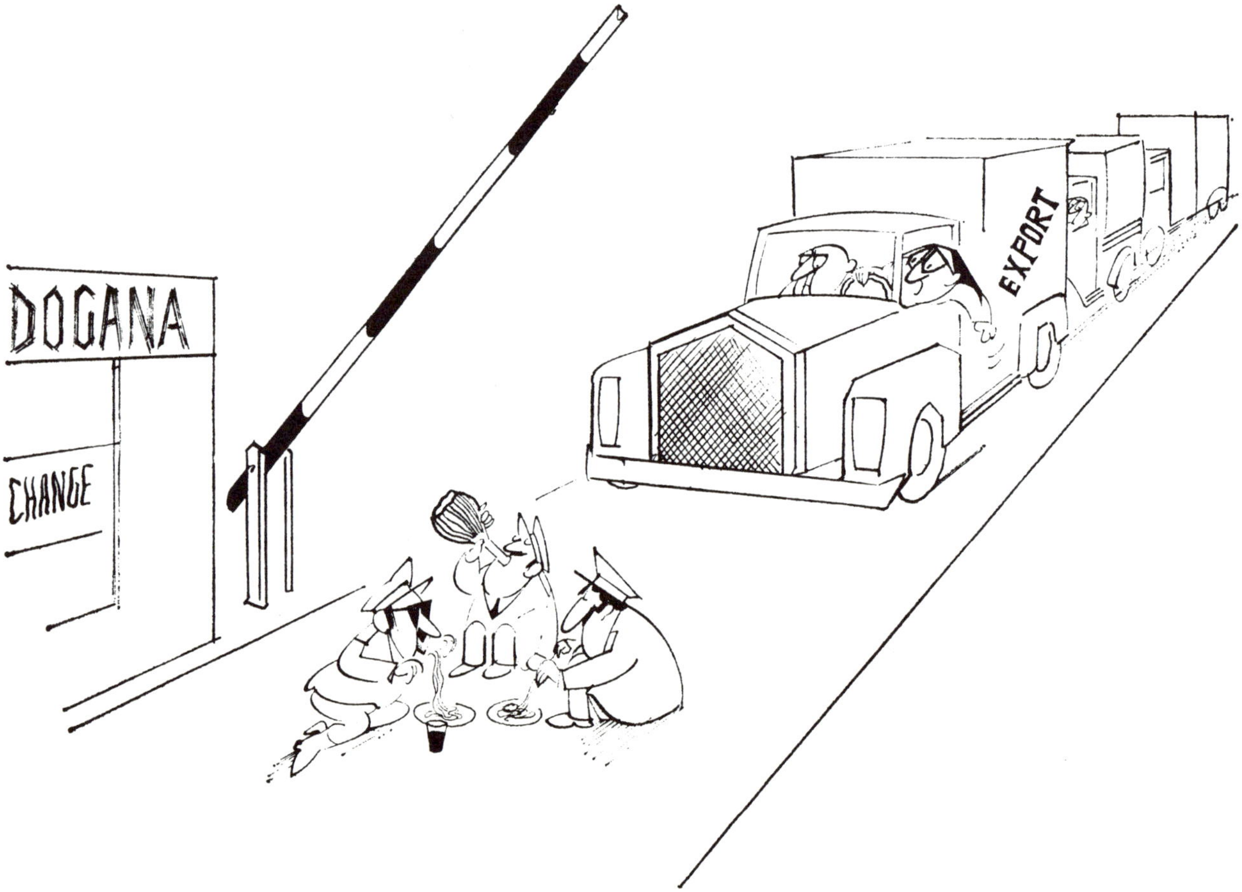

Zollabfertigung auf italienisch

Customs clearance in Italian

Formalités douanières à l'italienne

W. Hanel

„*Europa, das ist, wenn der Zoll an der Grenze jede Stange Zigaretten zuviel findet, aber nicht 41 Dioxinfässer, die kreuz und quer durch ganz Europa transportiert werden.*“ (Horst Seefeld, Europa-Abgeordneter)

“*Europe means that customs officers ferret out every extra carton of cigarettes being smuggled through, but are incapable of discovering 41 barrels of dioxin being ferried to and fro across Europe.*” (Horst Seefeld, Member of the European Parliament)

«*L'Europe c'est quand la douane trouve chaque cartouche de cigarettes en trop mais pas les 41 fûts de dioxine qu'on transporte de gauche à droite à travers toute l'Europe.*» (Horst Seefeld, député européen)

P. Moncada

G. Wukasch

Piem

Die Währungsschlange entrollt sich zum Währungssystem.

The currency snake wriggles into the European Monetary System.

Le serpent monétaire se développe en Système Monétaire Européen.

Fremura

Europäisches Währungssystem | European Monetary System | Système Monétaire Européen | *P. Gottscheber*

European Monetary System   Système Monétaire Européen   *P. Leger*

Die EURO-Brüter

European Currency Unit
The broody hens of Europe

Unité Monétaire Européenne
Les Euro-Couveuses

W. Hanel

Der ECU

M. Ramos

„Eine Währung links, eine Währung rechts.“

“Knit a currency, purl a currency.”

Piem

„Der Gemeinsame Markt ist nichts als ein schmutziger Trick der Kapitalisten: Den Leuten geht es nur so gut, damit sie nicht merken, wie schlecht es ihnen geht!"

"The Common Market is nothing but a filthy capitalist trick. The only reason they have so much is so that they don't notice how badly off they are!"

«Le Marché Commun n'est qu'un sale truc de capitalistes: Les gens vont si bien pour qu'ils ne réalisent pas combien ils vont mal!»

Herblock

„Zahlmeister Deutschland ...!?“ *“Paymaster Germany ...!?”* *«Trésorier Allemagne..!?»* *P. Leger*

„Gigantisch! Und dieses niedliche Köpfchen!“

“It’s huge! And look at its cute little head!”

«Gigantesque! Et quelle mignonne petite tête!»

J. Wolter

F. Mussil

W. Hanel

W. Hanel

Europe recites 'The guiding principles of the community'

Récital d'Europe: ‹Les nobles buts de la communauté›

P. Leger

„Erstaunlich, aber es lebt schon dreißig Jahre!"

"Quite incredible, but it's already survived for thirty years!"

«Etonnant, mais ça vit déjà depuis trente ans!»

H. Haitzinger

„Allez hopp, Europa!“ *“Gee up, Europe!”* *«Allez hop, Europe!»* *J. Blaumeiser*

Die Zeichner

Autor und Verlag danken den Zeichnern für die Mitarbeit. Soweit Erben, Verlage und Agenturen Inhaber der Nachdruckrechte sind, haben wir ihnen für die freundliche Nachdruckgenehmigung zu danken. Insbesondere sind wir dem EG-Magazin (Bonn) verpflichtet, für das Walter Hanel, Peter Leger und andere regelmäßig zeichnen.
In wenigen Einzelfällen war es dem Verlag nicht möglich, die Inhaber der Rechte an Zeichnungen zu ermitteln. Anspruchsberechtigte wenden sich bitte an den Königsteiner Wirtschaftsverlag GmbH.

The cartoonists

The author and publishers would like to express their thanks to the cartoonists and caricaturists for their co-operation. We would also like to thank the inheritors, publishers and agencies who own the copyrights for permission to publish. We are specially indebted to the EG-Magazin (Bonn), to which Walter Hanel, Peter Leger and others regularly contribute.
In a very few cases it was not possible for the publishers to ascertain the owners of the copyrights of drawings. Anyone with claims to the copyright is respectfully requested to contact the Königsteiner Wirtschaftsverlag GmbH.

Les dessinateurs

L'auteur et la maison d'édition remercient les dessinateurs de leur coopération. Nous sommes aussi reconnaissants aux héritiers, maisons d'édition et agences qui nous ont donné aimablement le droit de reproduction, en particulier au EG-Magazin (Bonn) pour lequel Walter Hanel, Peter Leger et d'autres dessinent régulièrement.
La maison d'édition n'a pas réussi à trouver les détenteurs des droits sur quelques dessins isolés. Ceux-là sont priés de s'adresser – en cas de revendications – au Königsteiner Wirtschaftsverlag GmbH.

Behrendt, Fritz
* 1925 in Berlin. Politischer Karikaturist in Amstelveen/Niederlande. Het Parool Amsterdam, Frankfurter Allgemeine Zeitung, Die Weltwoche Zürich, Svenska Dagbladet Stockholm, Berlingske Tidende Kopenhangen, I Kathimerini Athen. Buchveröffentlichungen. Erhielt 1985 den ‚International Cartoonist Award'.

Blaumeiser, Josef
* 1924 in Ludwigshafen. Graphik-Designer, Zeichner und Karikaturist in München. Zahlreiche Buchveröffentlichungen.

Böhle, Klaus
* 1925 in Wuppertal. Kunststudium; Pressezeichnungen, Kabarett, Fernsehen, Werbung. Autor und Illustrator in verschiedenen Medien. Politischer Karikaturist der WELT in Bonn.

Boost, Charles
* 1907 in Breda. Journalist in Amsterdam. De Groene Amsterdamer.

Borgman, Jim
© Bulls Pressedienst, Frankfurt/M.

Bruns, Bernd
* 1935 in Westfalen. Karikaturist in Essen. Neue Ruhr Zeitung, Aachener Volkszeitung.

Busse, Horst
* 1924 in Elbing/Westpreußen. Karikaturist und Illustrator in Heidelberg. Rhein-Neckar-Zeitung u.a. Buchillustrationen, Werbegraphik.

Calvi (Philipp de Vallencien)
* 1938. Pressezeichner in Paris. Le Figaro, Le Figaro Magazin, Journal Rhone-Alpes.

Cerny, Frank
* 1946 in Bocholt. Photograph und Graphiker in Essen. Seit 1982 ständiger Zeichner bei der Westdeutschen Allgemeinen Zeitung in Essen.

Cummings, Michael
* 1919. Zeichnete früh für die Tribune, seit 1952 für den Daily Express. Politischer Karikaturist in London. Sunday Express, Candide, Paris Match, Der Spiegel. © Bulls Pressedienst, Frankfurt/M.

Donath, Rudolf
* 1921 in Kolberg/Pommern. Karikaturist und Gebrauchsgraphiker in Erkrath. Veröffentlichungen in zahlreichen Zeitungen, Zeitschriften, Büchern sowie Fachliteratur.

Faizant, Jacques
* 1918 in Laroquebrou. Zeichner in Paris. Paris-Presse, Jours de France, Paris Match, France-Dimanche, Samedi Soir, La Vie Catholique u. a. Zahlreiche Buchveröffentlichungen. Ausstellungen.

Furrer, Jürg
* 1939. Cartoonist in Seon/Schweiz. Veröffentlicht im Nebelspalter.

Geisen, Hans
* 1919 in Koblenz. Karikaturist in Basel. Basler Zeitung. Jährlich erscheint ein Sammelband seiner Karikaturen. Weitere Buchveröffentlichungen. © Hans Geisen/Basler Zeitung.

Gerboth, Hans-Joachim
* 1926 in Halle. Pressezeichner in Brühl. Kölnische Rundschau. Verschiedene Buchveröffentlichungen.

Giles, Carl
Zeichnet seit 1943 für den Daily Express.

Gottscheber, Pepsch
* 1946 in der Steiermark/Österreich. Karikaturist in München. Süddeutsche Zeitung, Hannoversche Allgemeine Zeitung, Kölner Stadtanzeiger, Vorwärts, Die Zeit, Die Weltwoche. Verschiedene Buchveröffentlichungen.

Gys (Henk Gysbers)
*1930 in Utrecht. Cartoonist und Illustrator ebenda. Elseviers Weekblad, Haagsche Courant, NCRV-Radio&TV-Guide, NOS Television, Nationaal Sport Magazine, Utrechts Nieuwsblad u. a.

Hagedorn, Tüte
1925-1979. Aquarellist und Karikaturist in Essen. Der Tag, Neue Ruhr Zeitung.

Haitzinger, Horst
* 1939 in Linz/Österreich. Karikaturist in München. Seit 1966 tägliche Veröffentlichungen in der Münchner tz. Weitere Tageszeitungen, Der Spiegel, Bunte. Jährlich erscheint ein Sammelband seiner Karikaturen. Weitere Buchveröffentlichungen.

Hanel, Walter
* 1930 in Teplitz-Schönau/ČSSR. Karikaturist in der Nähe von Köln. Kölner Stadtanzeiger, Rheinischer Merkur, Börsenblatt, Frankfurter Allgemeine Zeitung, Impulse, EG-Magazin. Seit 1983 erscheint jährlich ein Sammelband seiner Karikaturen.

Hartung, Wilhelm
* 1919 in Cuxhaven. Zeichner in Reinbek bei Hamburg. Die Welt, Deutsche Verkehrs-Zeitung, Hör Zu, Funkuhr. Buchillustrationen.

Heidemann, Ernst
* 1930 in Witten/Ruhr. Karikaturist in Weilrod/Taunus. Frankfurter Neue Presse u.v.a. Publikationen. Buchillustrationen.

Herblock (Herbert Lawrence Block)
© Bulls Pressedienst Frankfurt/M.

Hicks, Wolfgang
1909-1983. Politischer Karikaturist in Bonn. Die Welt. Verschiedene Buchveröffentlichungen und Buchillustrationen.

Hüsch, Gerd
* 1936 in Berenbrock/Westfalen. Verstorben. Karikaturist in Essen und Hamburg. Westdeutsche Allgemeine Zeitung.

Jak (Raymond Allen Jackson)
* 1929 in London. Seit 1955 Karikaturist des Evening Standard London. Seine Cartoons werden in vielen Zeitungen der ganzen Welt nachgedruckt. Buchveröffentlichungen. Cartoonist in Wimbledon. © Bulls Pressedienst, Frankfurt/M.

Jiri (Jiri Seidl)
* 1958 in Prag. Karikaturist in Krefeld.

Joksch, Gerhard
* 1940 im Ostsudetenland. Graphiker in Starnberg. Bayerisches Fernsehen/ Bayernreport. Münchner Stadtanzeiger.

Juhl, Mogens
1927–1982. Illustrator und politischer Cartoonist in Hørsholm bei Kopenhagen. Arbeitete für viele dänische und ausländische Zeitungen. Von 1967 bis 1982 erschien jährlich ein Sammelband seiner Zeichnungen.

Köhler, Hanns Erich
1905-1983. Professor der ehemaligen Deutschen Kunstakademie in Prag. Lebte zuletzt als Pressezeichner und Graphiker in Herrsching/Ammersee. Die Zeit, Frankfurter Allgemeine Zeitung, Nürnberger Nachrichten, Simplicissimus. Zahlreiche Buchveröffentlichungen.

Körbi, Egon
* 1920 in Lüdenscheid. Karikaturist in Bielefeld. Neue Westfälische, Umschau, Gewerkschaftspost.

Kolfhaus, Herbert
* 1916 in Frankfurt/M. Politischer Karikaturist in München. Bayernkurier, Nürnberger Zeitung, Südkurier, Fuldaer Zeitung, Deutsche Tagespost. Verschiedene Buchveröffentlichungen.

Kutschera, Rolf
* 1949. Zeichnete für auto motor und sport. Buchillustrator, Kinder- und (Zeichen-)Trickfilmer (NDR, SDR, WDR) in Oberndorf.

Lang, Ernst Maria
* 1916 in Oberammergau. Architekt und politischer Zeichner in München. Süddeutsche Zeitung. Bayerisches Fernsehen. Zahlreiche Buchveröffentlichungen.

Langdon, David
© Bulls Pressedienst, Frankfurt/M.

Leger, Peter
* 1924 in Brünn. Politischer Karikaturist in der Nähe von Hannover. Hannoversche Allgemeine Zeitung, Süddeutsche Zeitung, EG-Magazin, Vorwärts, Gewerkschaftsorgane. Buchveröffentlichungen. Zeichnungen aus: Metall, Vorwärts und Hannoversche Allgemeine Zeitung.

Lurie, Ranan R.
* 1932 in Israel. Seine Arbeiten erscheinen in etwa 400 Zeitungen in 40 Ländern. © Bulls Pressedienst, Frankfurt/M.

Mauldin, Bill
* 1942. Amerikanischer Karikaturist. Mitarbeiter der New York Herald Tribune. © Bulls Pressedienst, Frankfurt/M.

Mitropoulos, Basilios
* 1936. Karikaturist in Athen. Veröffentlichungen in zahlreichen Zeitschriften, u.a. in der Bundesrepublik, in Schweden, in den USA. Zeichnungen aus: Frankfurter Allgemeine Zeitung.

Murschetz, Luis
* 1936. Politischer Karikaturist in München. Süddeutsche Zeitung, Die Zeit. Illustrationen und Texte für (Kinder-) Bücher; Graphikbände und Karikaturenbücher.

Mussil, Felix
* 1921 in Berlin. Politischer Karikaturist in Frankfurt/M. Frankfurter Rundschau.

Pielert, Klaus
* 1922 in Essen. Politischer Karikaturist in Düsseldorf. Westdeutsche Allgemeine Zeitung, Handelsblatt, Kölner Stadtanzeiger, Neue Ruhr Zeitung.

Piem (Pierre de Montvallon)
* 1923 in Saint-Etienne. Journalist in Paris. Le Figaro, Le Point, La Croix u.a. Buchveröffentlichungen.

Ramos, Mario
* 1958 in Brüssel. Illustrator ebenda. Presse-Affiche.

Schoenfeld, Karl-Heinz
* 1928 in Oranienburg bei Berlin. Politischer Karikaturist in Ahrensburg bei Hamburg. Abendblatt Hamburg, Neue Ruhr Zeitung, Tagesspiegel Berlin. NDR-Regional-Fernsehen.

Szewczuk, Mirko
1919-1957. Erste Karikaturen vor dem zweiten Weltkrieg. Bis 1949 ständiger Mitarbeiter der Wochenzeitung Die Zeit. Ab 1949 ständiger Mitarbeiter der Tageszeitung Die Welt. Buchveröffentlichungen.

Tim (Louis Mitelberg)
* 1919 in Kaluszyn/Polen. Politische Zeichnungen, Illustrationen, Skulpturen. Ausstellungen.

Trez (Alain Trez)
* 1929 in Berck. Paris Match, Lui, Playboy, seit 1972 auch France-Soir. Zeichentrickfilme, Kinderbücher.

Wolf, Fritz
* 1918. Karikaturist in Osnabrück. Neue Osnabrücker Zeitung, Stern, Brigitte. Illustrationen, Buchveröffentlichungen.

Wolter, Jupp
* 1917 in Bonn. Politischer Karikaturist in der Nähe von Bonn. Seit 1945 Mitarbeiter zahlreicher westdeutscher Zeitungen. Welt der Arbeit, Deutsches Allgemeines Sonntagsblatt, Stuttgarter Nachrichten, Der Spiegel u.v.a. Zeitungen. Buchveröffentlichungen.

Wukasch, Gerd
* 1945 in Zwickau. Bildhauer und Zeichner in Düsseldorf. VDI-Nachrichten u.a. Buchveröffentlichungen.

WIRTSCHAFTS-KARIKATUREN

Band 1
Irgendwo muß man 'nen Strich ziehen
Wirtschaft und Arbeitswelt in der Karikatur

Band 2
Magere Jahre, fette Jahre
Die Geschichte unserer Wirtschaft seit 1948

Band 3
Auf geht's zum Aufschwung!
Aktuelle Karikaturen zu Wirtschaft und Arbeitswelt

Band 4
Qualität schreiben wir groß
Ein Lach- und Sachbuch

Band 5
Im Rückspiegel
Die Automobilgeschichte der Karikaturisten 1886–1986

Band 6
Maschinen-Alltag in Punkt und Strich
Technik in der Karikatur

Band 7
Europa unterm Strich
Die Europäische Gemeinschaft in der Bilanz der Karikaturisten

KÖNIGSTEINER WIRTSCHAFTSVERLAG GMBH · KÖNIGSTEIN/TS.